Wahrhaft weiblich

„Das ist mein Weg..."

Wie du als Frau selbstbestimmt dein Leben führst, ohne dich für andere zu verbiegen

Stefanie Lorenz

© Copyright 2021 - Alle Rechte vorbehalten.

Rechtliche Hinweise:

Dieses Buch ist urheberrechtlich geschützt und nur für den persönlichen Gebrauch bestimmt. Ohne die Zustimmung der Autorin oder des Herausgebers darf der Leser keinen Inhalt dieses Buches ändern, verbreiten, verkaufen, verwenden, zitieren oder umschreiben.

Haftungsausschluss:

Die in diesem Dokument enthaltenen Informationen dienen nur zu Bildungs- und Unterhaltungszwecken. Es wurden alle Anstrengungen unternommen, um genaue, aktuelle, zuverlässige und vollständige Informationen zu liefern. Die Leser erkennen an, dass die Autorin keine rechtlichen, finanziellen, medizinischen oder professionellen Ratschläge erteilt. Durch das Lesen dieses Dokuments stimmt der Leser zu, dass die Autorin unter keinen Umständen für direkte oder indirekte Verluste haftet, die durch die Verwendung der in diesem Dokument enthaltenen Informationen entstehen, einschließlich, aber nicht beschränkt auf Fehler, Auslassungen oder Ungenauigkeiten.

Geschenk #1

Zitatesammlung

Gratis-Bonusheft!

Mit dem Kauf dieses Buches hast du ein kostenloses Bonusheft erworben. Dieses steht nur eine begrenzte Zeit zum Download zur Verfügung.

Das Bonusheft beinhaltet eine Sammlung an schönen, motivierenden und auch Mut gebenden kleinen Geschichten und Zitaten. Diese werden dich beim Lesen und auf deinem täglichen Weg zu einem erfüllten Leben begleiten. Sichere dir das Bonusheft noch heute!

Alle Informationen, wie du dir schnell das gratis Bonusheft sichern kannst, findest du am Ende dieses Buches.

Geschenk #2

Entspannung im Alltag

Mit dem Kauf dieses Buches hast du noch ein weiteres Bonusheft erworben.

In diesem Bonusheft findest du verschiedene Entspannungsmethoden, Meditationsideen und Affirmationen, die dich darin unterstützen können, wieder zu dir selbst zu finden. Sichere dir das Bonusheft noch heute!

Alle Informationen, wie du dir schnell das gratis Bonusheft sichern kannst, findest du am Ende dieses Buches.

Inhaltsverzeichnis

Einleitung 1

Kapitel 1: Super-Woman Feuer und Flamme 5
    Mehrfachbelastungen 12
    Wenn die Puste ausgeht 19
    Burnout – das ist was, was andere kriegen 25
    Darf ich aus dem Hamsterrad einfach aussteigen? 31

Kapitel 2: Polaritäten oder alles gleich? 37
    Das Zweigeschlechter-Konstrukt und seine Auswirkungen 41
    Gleiche Rechte statt Gleichmacherei 44

Kapitel 3: Was bedeutet „Frausein" für dich? 49
    Sich selbst finden in einer männlich dominierten Welt 50
    Kollektive Wunden und Fehlinformationen 53
    Noch gar nicht so lange her 57

Kapitel 4: Die eigene Weiblichkeit entdecken 61
    Deine Weiblichkeit – etwas ganz Persönliches 62
    Sensible Innenschau 65
    Komm in deine Kraft 75
    Mode, Körperideale und Co 76
    Austauschen mit anderen Frauen 77
    Teil der Lösung statt des Problems 82

Kapitel 5: Sich selbst wert sein 87
    Warum? Darum! 89
    Jonglage im Team – du bist nicht allein 94

Kapitel 6: Alltag im Einklang mit deiner weiblichen Kraft 103

    Mit dem Körper statt gegen den Körper 103
    Zurück zu den Wurzeln 108
    Rituale und Routinen 109

Kapitel 7: Polaritäten in Balance 111

Nachwort: Ankunft bei deiner Weiblichkeit 117

Geschenk #1 - Zitatesammlung 119

Geschenk #2 - Entspannung im Alltag 121

Eine kleine Bitte 123

Quellen und weiterführende Literatur........................ 125

Einleitung

Ein herzliches Willkommen an dich! Wie schön, dass du dich dazu entschieden hast, dieses Buch zu lesen – oder zumindest mal ein paar Seiten hineinzuschnuppern. Denn dieses Buch ist eine Einladung an dich. Eine Einladung, dich und deine Weiblichkeit ganz neu, vielleicht sogar das erste Mal in deinem Leben bewusst kennenzulernen.

In unserer immer noch eher maskulin ausgerichteten Gesellschaft liegt der Fokus auf Gewinnmaximierung, kopflastigen Entscheidungen, dem Verfolgen von Zielen unter großer Anstrengung und Rationalität. Arbeitseifer, Stress bis hin zur Selbstaufgabe für diese Ziele werden zwar auf der einen Seite als bedenklich gewertet, dienen auf der anderen Seite aber auch als Statuslegitimation. In diesem Umfeld kann es schwer sein, den damit, vor allem für den weiblichen Teil der Bevölkerung, drohenden Mehrfachbelastungen aus dem Weg zu gehen.

War bis vor wenigen Jahrzehnten noch das Alleinernährer-Modell gang und gäbe, bei dem der Mann die Ehefrau und Familie finanziell absicherte, ist in der heutigen Zeit meist ein Doppelverdiener-Modell vertreten und auch vonnöten, um eine Familie gut finanzieren zu können. Frauen übernehmen dabei aber, trotz ihres nun mittlerweile als selbstverständlich geltenden Eintritts in die Arbeitswelt, auch weiterhin wie selbstverständlich einen Großteil der Hausarbeit und der Care-Aufgaben. Diese umfassen nicht nur die Versorgung und Erziehung von gemeinsamen Kindern, sondern können sich durchaus auch in kinderlosen Partnerschaften oder bei alleinlebenden Frauen zeigen. Auch diese Frauen werden eher für die Pflege oder Versorgung von nahestehenden Personen wie älteren Familienmitgliedern, Freunden oder Nachbarn eingespannt.

Dass eine Frau dabei bitteschön auch noch umwerfend auszusehen hat, dank ausführlicher Self-Care-Praxis natürlich auch total mit sich und ihrem Leben im Reinen ist, sich unablässig weiterbildet, ein ausgefülltes Sozialleben hat und einem Beruf nachgeht, der nicht nur ein Job, sondern eine echte Berufung ist, liegt dabei ja auf der Hand.

Diese überzogenen Erwartungen werden nicht nur durch Medien suggeriert und von ihrem Umfeld an Frauen herangetragen, sondern auch wir Frauen selbst versuchen, den diversen und zum Teil miteinander konkurrierenden Rollenbildern, gesellschaftlichen Erwartungen und Ansprüchen der Liebsten sowie den eigenen Idealen gerecht zu werden – und zerbrechen mitunter daran.

Die eigene Weiblichkeit, die eigenen Fähigkeiten und Besonderheiten geraten in Vergessenheit, während versucht wird, dem Idealbild der Superwoman, der tollen Liebhaberin, rationalen Karrierefrau, fürsorglichen Mutter, leidenschaftlichen Partnerin und spirituellen Freundin zu entsprechen. Wir bekommen jeden Tag so viele Botschaften, die uns vermitteln, wie eine Frau zu sein hat, dass wir fast schon vergessen haben, einfach nur Frau zu sein.

Dieses Buch soll eine Einladung an dich sein, dich dieser wunderbaren Frau, die du schon jetzt bist, wieder zu nähern, fernab von überzogenen Erwartungen und aufgedrängten Rollenbildern. Die nächsten Kapitel sollen dir den Raum geben, dich mit deinen besonderen Qualitäten und Stärken zu entdecken.

Die Chance, einen eigenen, ganz persönlichen Zugang zu deinem Frau-Sein zu finden und durch deine Weiblichkeit in eine ganz eigene Kraft zu kommen, kann dir in allen Bereichen deines Lebens zu neuen Erkenntnissen und Standpunkten verhelfen und dir die Möglichkeit schaffen, in einer männlich dominierten Welt einen eigenen Platz zu finden.

Du kannst vermeintliche „weibliche Schwächen" zu Kraftquellen in deinem Leben transformieren, dich von überholten Rollenbildern lösen und überzogenen Erwartungen klar und informiert entgegentreten. So schaffst du Raum für deine eigene Entwicklung und schützt sowohl deinen Geist als auch deinen Körper vor den gravierenden Folgen der heutzutage drohenden Mehrfachbelastungen, mit denen sich die meisten Frauen konfrontiert sehen. Freue dich darauf, dir deiner Weiblichkeit bewusst zu werden und deinen Alltag danach auszurichten – für ein buntes, sinnliches und abwechslungsreiches Leben voller Genuss, Tiefgang, Authentizität und Harmonie!

Kapitel 1: Super-Woman Feuer und Flamme

Svenja ist mal wieder zu spät dran. Sie ist zwar extra eine Stunde früher aufgestanden, um noch schnell die Muffins für den Basar im Kindergarten zu backen, aber dann hatte der Ältere sein Mathematikbuch verlegt, der Kleine hat sich einen Splitter eingezogen, der mit viel Überredungskunst gezogen werden musste, und die Chefin hat noch ein Memo rausgeschickt, dass das Meeting eine halbe Stunde vorverlegt werden muss. Jetzt steht Svenja im morgendlichen Verkehrschaos, nachdem sie den Großen für die Schule verabschiedet und den Kleinen bei Kindergartenfreund Jiri abgeliefert hat, bis der Kindergarten selbst aufmacht – das dritte Mal diesen Monat. Und jetzt sieht sie gerade, wie der Kollege aus Abteilung vier ihr den letzten Parkplatz vor der Nase wegschnappt. Am liebsten würde sie ins Lenkrad beißen.

Als sie leicht zerrupft in den Aufzug hechtet und dabei ihr Magenknurren das erste Mal wahrnimmt, steigt Kollegin Silvi zu. „Na, konntest du dich mal wieder nicht von deiner Familie lösen? Ganz schön spät dran! Da musst du echt mal Prioritäten setzen. Die Meiser hat neulich schon was von unprofessionell verlauten lassen und die Kollegen haben auch keine Lust, immer für das Muttertier mitzuarbeiten." Svenja fehlen die Worte, aber Silvi legt – vermutlich mit den besten Absichten, die Kollegin nicht ins offene Messer laufen zu lassen – mit dem neusten Büroklatsch nach. „Ein gut gemeinter Rat: Gib dir ein wenig mehr Mühe. Auch was so…" Silvis Blick wandert über ihren zerzausten Schopf, den sie sich eben im Stau noch gerauft hat und den Mantelkragen, an dem Svenja jetzt selbst einen kleinen Nussnougatcreme-Fleck von den kleinen Fingerchen des Jüngsten entdeckt. „… Auftreten und Outfit angeht. Die Meiser überlegt, Leute gehen zu lassen. Wäre schade, wenn wir beide nicht mehr schnacken könnten." Die Fahrstuhltür geht auf. Ein neuer Arbeitstag beginnt. Aber für Svenja ist er eigentlich schon gelaufen.

Romina sitzt seit fünf Minuten auf der Damentoilette und versucht, entspannt ein- und auszuatmen. Aber in ihr tobt immer noch ein Sturm. Sie hat sich heute mit den fiesesten Unterleibskrämpfen der Welt zur Arbeit gekämpft, hat gelächelt und sich damit gedanklich über Wasser gehalten, dass sie heute höchst wahrscheinlich ihre Beförderung auf dem Silbertablett serviert bekommt. Sie hat die letzten Projekte wirklich mit Bravour gemeistert und ihr Team ist entspannt und echt zufrieden mit ihr. Der Chef hat mehrfach Wohlwollen geäußert und Anmerkungen in die Richtung gemacht. Eben bei der Konferenz hatte sie sich dann mit einem Tee von ihren Schmerzen abzulenken versucht und gespannt auf die Verkündung gewartet. Der Chef kam rein gemeinsam mit Kollege Norbert. Norbert war ein netter Kerl, aber ein wenig langsam und brauchte immer ein wenig extra Anleitung im Team. Allerdings war er gut darin, diese Anleitungen zu delegieren und zu leiten, wenn er es dann verstanden hatte.

Romina wunderte sich zwar, warum Norbert neben dem Chef Platz nahm, aber als er als neue Leitung benannt wurde, war ihr mit einem Schlag alles klar. Sie wusste nicht, inwiefern sie ihr Gesicht unter Kontrolle hatte, aber da sie eh den ganzen Tag die Schmerzen unterdrückt hatte, sollte das jetzt auch kein Problem sein, oder? Mechanisch fiel sie in den Chor der Gratulationen ein, dann wollte sie nur noch raus aus dem Besprechungsraum. Auf dem Flur kamen einige aus dem Team auf sie zu und gaben zu verstehen, dass sie doch die Beförderung verdient hätte und so weiter, als der Chef sie zurückrief.

Romina straffte die Schultern, ging in den Raum zurück und bemühte sich um ein sicheres Auftreten, genau wie sie es aus den Ratgebern und in den Karriere-Trainings gelernt hatte. In einem für den Chef ziemlich unsicheren und gequetschten Tonfall versuchte er, Romina gegenüber seine Wahl von Norbert zu begründen. Alle Qualifikationen und Fortbildungen Norberts, die er erwähnte, hatte Romina ebenso und teilweise hatte sie besser abgeschnitten.

Das teilte sie dem Chef auch mit und er druckste weiter und meinte dann, sie wirke ja so kalt und herrisch, und das könnte potenziellen Kunden Angst machen oder schlecht für das Geschäft sein. Und außerdem – wenn sie jetzt mit einem größeren Projekt beauftragt werden würde und sie würde dann ein Kind bekommen wollen, dann stünde er dumm da und Norbert müsse sich ohnehin einarbeiten. Auf ihren Einwand, dass Norberts Freundin aktuell im sechsten Monat schwanger sei – Norbert informierte jeden, der es hören wollte oder nicht, über den aktuellen Zustand seiner Liebsten – meinte der Chef, das sei doch was ganz anderes.

Romina kamen die Tränen und da brachte er tatsächlich noch den Klassiker, Frauen seien ja ohnehin zu zart besaitet und reagierten immer gleich emotional, das würde sie ja jetzt selbst an sich sehen. Und nun sitzt sie also in ihrer Kabine und versucht, die Tränen der Wut und Enttäuschung zu unterdrücken, obwohl diese alles Recht der Welt haben, hervorzutreten.

Katja hatte sich gerade nach Hausarbeit, Geburtstagskarten schreiben, Versicherungen und andere Rechnungen zahlen, dem Hundegang mit Abstecher zur Apotheke, dem Supermarkt, dem Augenarzt für ein Rezept der Schwiegermutter und den ersten Stunden Übersetzungsarbeit mit der ersten Tasse Kaffee des Tages zu einer kleinen Pause auf den Balkon gesetzt, als das Handy schrillte.

Eine Pflegerin aus dem Haus, in dem die Mutter ihres Mannes untergebracht war, rief an, um sie darüber zu informieren, dass diese bestimmte Formulare auszufüllen hätte und zudem ein Termin beim Orthopäden gemacht werden müsse.

Katja notierte sich alles und rief dann ihren Mann bei der Arbeit an, der nicht abnahm. Katja nahm die Tasse Kaffee in die Hand, als die Türglocke ging: Der Paketdienst, für die Nachbarn. Das vierte Mal diese Woche, aber sie wäre ja als Hausfrau ohnehin den ganzen Tag daheim, nicht wahr? Katja nahm die Pakete an, wünschte einen schönen Tag und las im Treppenhaus eine SMS des Schwagers, was sie denn „Mutti" zum Geburtstag schenken sollten und ob sie schon was wegen der Feier organisiert hatte. Parallel dazu klingelte wieder das Telefon; eine Kundin wünschte eine frühere Abgabe und zudem hatte ein anderer Kunde einen spannenden Neuauftrag, war aber in der Sprachnachricht in seinem gebrochenen Englisch nur schwer zu verstehen.

Als Katja auf dem Balkon schnell alle in der letzten halben Stunde auf sie hereinprasselnden Infos notieren wollte – der Kaffee war natürlich längst kalt – lugte Nachbar Klaus vom Haus gegenüber aus dem Fenster: „Ach Katja, du Luxusweib. So ein süßes Lotterleben möchte ich auch mal haben. Gemütlich Kaffeetrinken in der Sonne, während unsereins gleich ins raue Arbeitsleben muss! Sag mir mal eins: Wovon seid Frauen wie ihr eigentlich immer so müde, hm?"

Hast du dich in einer der Frauen in den oben genannten Beispielen wiedererkannt? Kamen dir Gedanken, wie „Ja, ganz genau so ist es!" oder „Wenn ich für diesen Spruch jedes Mal einen Euro bekommen würde, wäre ich längst Millionärin?"

Halte bitte einen kurzen Moment inne und überlege dir, wie ein durchschnittlicher Tag bei dir aussieht!

Welche Szenen fallen dir ein?

Gibt es Überschneidungen mit den Erlebnissen der Frauen aus den Beispielen?

In welchen Bereichen kannst du diese Überschneidungen verorten und wer ist daran beteiligt?

Wie fühlt sich dein Körper an, wenn du daran denkst?

Bemerkst du körperliche Stressreaktionen? Ziehen sich deine Schultern kaum merklich hoch, verspannt sich deine Kiefermuskulatur schon automatisch?

Wenn du an eine Ungerechtigkeit bei der Arbeit oder einen blöden Spruch denkst, was machen dann deine Hände? Hast du geballte Fäuste?

Allein der Gedanke an solche Erlebnisse kann deinen Körper schon stressen und regelrecht in Alarmbereitschaft versetzen.

Wie kommt es also, dass heutzutage in einer Gesellschaft – in der die Gleichberechtigung aller Geschlechter doch längst kein Thema mehr sein sollte, weil längst allgemein akzeptierter und praktizierter Standard – immer noch solche Szenarien möglich sind, die dich schon beim bloßen Gedanken daran innerlich aufwühlen?

Eine Gesellschaft, die seit jeher auf Männer ausgerichtet ist und in großen Teilen von Männern gesteuert und gelenkt wird, schafft Hindernisse für Frauen: Frauen tauchen in Statistiken und wissenschaftlichen Arbeiten oft nicht auf, Alltagsgegenstände sind auf die durchschnittliche Männergröße zugeschnitten, die Dosierungsempfehlung von Medikamenten ist auf Männer ausgerichtet. Die Medizin steckt erst in den Anfängen, wenn es darum geht, die Frau als ganz eigenen Organismus zu betrachten, bei dem sich Krankheiten anders zeigen und der eine andere Behandlung benötigt.

Auch das Thema Pay Gap, also die unterschiedliche Entlohnung von Personen aufgrund ihres Geschlechts, die bereits erwähnten Unterschiede in der Übernahme von Haus- und Care-Arbeit und das Fehlen von Frauen in Machtpositionen spielen in das Szenario mit hinein und können dazu beitragen, dass eigentlich längst überholte Rollenbilder immer noch in der Realität vorzufinden sind und nachkommenden Generationen auch als Orientierung dienen.

Anne Roth und Mandy Schoßig demonstrieren in ihrem Beitrag „Wir haben keine Frau für das Podium gefunden!" durch das Aufzeigen der Anzahl von eingeladenen Frauen von drei zufällig ausgewählten Veranstaltungen, dass der Anteil dieser erschreckend klein ist: Bei einer Veranstaltung kommen auf 67 der sprechenden Teilnehmenden nur sieben Frauen, bei einem anderen Kongress sind nur 14 Prozent der Teilnehmer Frauen und bei einer Veranstaltung einer großen deutschen Partei sind gar keine Frauen anwesend.

Frauen finden sich sowohl in den als männlich einsortierten Bereichen als auch in den als weiblich betrachteten Berufsfeldern – etwa in der Bildungs- und Erziehungswissenschaft – nicht in höheren Positionen. Das betrifft sowohl die politische Teilhabe als auch die wirtschaftliche und dieses Ungleichgewicht wird nicht nur bei Podiumsdiskussionen, Meetings, Symposien und Messen deutlich. Nein, dieses Bild wird überall in den Medien präsentiert und nicht selten kommentarlos stehengelassen. Da werden Vorstände und Parteizusammenkünfte bildlich festgehalten und der Anteil an weiblichen Teilnehmenden ist verschwindend klein. Die Frau wird nicht repräsentiert.

Diese fortwährende Zurschaustellung von Ungleichheit macht diese Ungleichbehandlung alltäglich; sie wird nicht hinterfragt und auch unsere nachfolgenden Generationen haben es schwer, Identifikationsfiguren zu finden, an denen sie sich orientieren können.

Das zeigt sich ebenfalls in den Auswirkungen der männlich dominierten Sprache auf das Verständnis des Inhaltes, unser Denken und unser Handeln. Auch wenn es mittlerweile für viele Berufe eine weibliche Endung gibt, ist den meisten das Gendern doch zu mühsam und aufgrund der tradierten Rollenklischees tauchen ohnehin in den Lehrbüchern für den Deutsch- und Englischunterricht eben ganz klischeehaft der Arzt und die Krankenschwester, die Grundschullehrerin und der Hochschulprofessor, die Sekretärin und der Chef auf.

Diverse Studien haben gezeigt, dass Personen aufgrund der gewählten Endung eines Wortes durchaus nur an das erwähnte Geschlecht denken und nicht automatisch das zweite Geschlecht mitdenken, wie mitunter angenommen. Wenn Kindergartenkindern gesagt wird, sie sollen Feuerwehrmänner, Astronauten, Piloten und Ärzte malen, werden männliche Vertreter dieser Berufssparten gemalt. Wird in einer Anzeige von Ärzten gesprochen, nehmen die Lesenden an, die Gruppe hätte aus Männern bestanden. Anders als mithin argumentiert, Menschen würden die anderen Geschlechter automatisch mitdenken, konnte dies bisher in der Forschung nicht belegt werden.

Die Auswirkungen der Sprache wirken sehr subtil, sind aber mehr als deutlich: So wählen Frauen mitunter aus einem viel kleineren Pool an Ausbildungsberufen, einfach, weil ihnen andere oft gar nicht bekannt sind. Auch fehlt es ihnen an Vorbildern oder Identifikationsfiguren, an denen sie sich orientieren können – und die real oder auch sprachlich, im Kinderbuch, Film oder Lehrbuch auch gar nicht in einer anderen Position vorkommen als in der der Erzieherin, Floristin, Grundschullehrerin, Sekretärin oder Hotelfachfrau. Die dargestellten Frauen wollen heiraten oder ihr Love Interest „einfangen", während die Männer die Welt retten oder beruflich ambitioniert sind.

Die Gründe dafür, warum die Gesellschaft längst noch nicht so gleichberechtigt ist, wie sie sich gerne darstellt, sind also ganz vielfältig und müssen immer im Zusammenhang gesehen werden, um sie zu verstehen. Sie spielen eine Rolle, wenn es um die Anforderungen geht, die an die moderne Frau gestellt werden. Sie sind die Ursache, dass in unserer, doch eigentlich so aufgeklärten Gesellschaft, hartnäckig tradierte Rollenbilder ihren Weg in die eigene und die äußere Erwartungshaltung finden, wenn plötzlich neben einem extremen Mutterideal auch noch berufliche Pläne und eigene Erwartungen, sowie die Erwartungshaltung der Gesellschaft, aber auch der Kernfamilie und des Lebenspartners in Konkurrenz zu stehen scheinen.

Diese Mischung aus vielfältigen Ansprüchen an das, was eine Frau in einem bestimmten Alter zu leisten hat, gepaart mit dem Drahtseilakt des gesellschaftlich anerkannten Maßes zwischen vermeintlich femininem und maskulinem Verhalten, kann ein echter Kraftakt sein.

Gerade Frauen zwischen 30 und 45, die eigentlich ganz gefestigt mitten im Leben stehen sollten, erleben also häufig einen enormen Stress und Mehrfachbelastungen im Alltag, die weit über die aus den Medien bekannte Doppelbelastung hinausgehen.

Mehrfachbelastungen

Familienfreundlichkeit ist ein wichtiges Thema in unserer Gesellschaft – vor allem für uns Frauen. Warum vor allem für uns Frauen, wenn doch in den meisten Fällen in unserem Land ein Mann und eine Frau ein Kind gemeinsam aufziehen? Weil nicht nur das Kinderkriegen sondern auch das Kindergroßziehen hierzulande zu Großteilen immer noch Frauensache ist!

Deutschland gilt nicht unbedingt als besonders kinder- und familienfreundlich, obwohl immer wieder Bemühungen unternommen werden, um familienfreundliche Strukturen zu schaffen. So besteht mittlerweile in ganz Deutschland ein Betreuungsanspruch für jedes Kind; findet sich kein geeigneter Kindergartenplatz kann das Kind zu einer anderen Form der Tagesbetreuung, in Deutschland in der Regel von der Stadt ausgewählte Tagesmütter, gebracht werden.

Wie bereits am Begriff Tagesmutter zu erkennen ist, obliegt die Kindererziehung und -betreuung in Deutschland auch heute immer noch zu großen Teilen der Frau. In einer Hetero-Familie übernimmt die Frau – auch in Familien, in denen gleichberechtigte Modelle anvisiert worden waren – meist den Löwenanteil der Pflege und Betreuung von Kindern oder anderen Angehörigen mit Unterstützungsbedarf.

Das ist auch dann so, wenn sie voll berufstätig ist. Üblicherweise tritt sie auf der Karriereleiter zurück und nimmt Elternzeit. Nicht selten steigt sie nach dieser Auszeit nicht wieder voll in das Berufsleben ein, sondern übernimmt eine Teilzeitstelle, um weiterhin die Kinderbetreuung zu sichern und strukturiert ihren Alltag um die externen Betreuungsangebote von Kindergarten oder Kita herum.

Dabei muss beachtet werden, dass sich dieses Betreuungsangebot je nach Wohnlage in puncto Qualität, Dauer der Betreuung und Flexibilität der Öffnungszeiten deutlich unterscheiden kann: Während im städtischen Raum häufig flexible Betreuungszeiten angeboten werden, die auch nachmittags beschäftigten Personen entgegenkommen, ist es gerade im ländlichen Raum schwer, eine Einrichtung zu finden, in der auch nachmittags oder abends beziehungsweise frühmorgens betreut wird.

Wer einen Beruf im Schichtsystem ausführt, ist ohnehin meist auf eine zusätzliche Fremdbetreuung angewiesen. Kann diese nicht durch Familienmitglieder oder Freunde gewährleistet werden, entsteht hier eine zusätzliche finanzielle Belastung, der sich auch alleinerziehende Frauen gegenübergestellt sehen.

Die Unterschiede in der Selbstverständlichkeit, wann ein Mensch im Berufsleben kürzer tritt, sind hier immer noch klar nach Geschlecht getrennt: Während Männer am häufigsten Pausen einlegen oder weniger Stunden arbeiten, um sich privat oder beruflich weiterzubilden und somit aktiv an sich und ihrer Karriere zu arbeiten, sind die Gründe für Frauen allesamt im Care-Bereich angesiedelt: Entweder sie kümmern sich um die Pflege und Erziehung der Kinder, sie betreuen Kranke, Alte oder Personen mit anderen Einschränkungen oder sie unterstützen ihre Partner in deren Projekten.

Genau wie bei den meisten Aspekten, die Frauen sehr direkt betreffen, besteht das Paradox, dass es Männer sind, die in den Entscheidungspositionen sitzen und somit die Maßnahmen beschließen, die für mehr Familienfreundlichkeit sorgen sollen und sich direkt auf eine weibliche Lebensrealität auswirken. Eine Lebensrealität, die ihnen nicht wirklich vertraut ist.

Bis heute erleben Frauen, dass sie bei Einstellungsgesprächen nach ihren Kindern oder einem Kinderwunsch gefragt werden. Auch wenn hier zum Schutze des Persönlichkeitsrechtes gelogen oder eine Antwort verweigert werden darf, ist doch klar, dass Kinder in der Regel nur ein ausschlaggebendes Kriterium für die Ablehnung einer bewerbenden Person sind, wenn diese weiblich ist. Männer werden diese Frage selten gestellt bekommen, da sie in der Realität auch einfach weniger eingebunden sind in die tatsächliche Verantwortung und somit als beruflich flexibler und zuverlässiger eingeordnet werden.

Nicht selten erleben Paare dies, wenn die Kinderbetreuung aus einem unvorhergesehenen Grund nicht greift oder eine Sondersituation ansteht, das Kind beispielsweise krank wird oder beide Elternteile eine Geschäftsreise machen müssen. Meist wird davon ausgegangen, dass die Frau zurücktritt und die Betreuung übernimmt. Das zeigt sich auch daran, dass die Kindergartenleitung bei Unfällen oder Krankheitsfällen üblicherweise automatisch die Mutter statt den Vater anruft, „weil der eh nicht zu erreichen ist/weiß, wie die Kinderärztin heißt/über die Krankheitsgeschichte, alle Allergien und Unverträglichkeiten des Kindes Bescheid weiß und ohnehin die Mutter verständigen müsste".

Mental Load

Unter dem Begriff Mental Load wird eine Form der psychischen Belastung verstanden, die sich vor allem durch das Organisieren und Verwalten von Alltagsaktivitäten bildet. Diese vielen kleinen To-dos, die im Alltag anfallen und deren Verwaltung, Strukturierung, Organisation und Erfüllung erst für einen reibungslosen Tagesablauf sorgen, werden meist kaum erwähnt.

In klassischen Familienstrukturen fallen sie oft erst ins Gewicht, wenn die Person, meist die Frau, die diese im Blick behält, nicht mehr da ist. Wir alle kennen die seichten Familienkomödien, in denen die Mutter aus irgendeinem Grund ausfällt und das gesamte Familienleben zusammenbricht, weil niemand den Hund füttert, das Kind a von der Klavierstunde abholt, die Einladung vom Chef beantwortet, Geschenke für die Schwiegermutter besorgt, den Termin beim Kieferchirurgen für Kind b bestätigt, daran denkt, dass Kind c heute keine Schule, sondern einen Tagesausflug hat und somit nicht nur ein Mehr an Pausenverpflegung braucht, sondern auch um 7 zum Treffpunkt gefahren und um 15 Uhr wieder abgeholt werden muss, und zudem der Braten aus dem Tiefkühler geholt werden muss, damit das Essen pünktlich vorbereitet werden kann, wenn die Kollegen nachher zum Essen kommen.

Während der Film-Ehemann da in gespielter Verzweiflung die Hände in die Luft wirft und sich schon die ersten drei Posten nicht merken kann, alles verwechselt und obendrein noch die Hälfte vergisst, ist das für die meisten Frauen Alltag, neben dem Berufsleben und der eigentlichen Kinderbetreuung.

All diese Kleinigkeiten summieren sich über den Tag, über die Woche auf und nehmen Denkleistung in Anspruch, die nicht für berufliche oder private Pläne zur Verfügung steht. In den seltensten Fällen teilen sich Paare diesen Mental Load. „Du kannst das so viel besser als ich, Schatz!" „Frauen haben einfach ein Händchen für Soziales!" oder „Ich bin beruflich so stark eingespannt, wie soll ich mich um so etwas auch noch kümmern können?", sind typische Sätze, die wir zu hören bekommen, wenn wir um etwas Unterstützung bitten.

Das kann auf den ersten Blick recht schmeichelhaft wirken, führt im Grunde genommen aber dazu, dass wir uns doppelt anstrengen, um diesem Lob gerecht zu werden und wenig von den anfallenden Aufgaben verteilen.

Es kann auch vorkommen, dass wir überhaupt nicht auf die Idee kommen, unser Gegenüber mit einzubeziehen, weil wir eben bereits als Kinder gelernt und nachgeahmt haben, dass solche „unwichtigen Aufgaben" in den Bereich der Frau fallen. Oder wir fragen nicht, weil das Gegenüber ja ohnehin nicht daran denkt, dass Julia keine Petersilie mag und sowieso wieder vergisst, die Blumen mitzubringen und beim Arzt wegen dem Rezept für Oma vorbeizufahren.

Dies ist aus zweierlei Gründen problematisch: Zum einen hat das Gegenüber so keine Chance, die Aufgaben zu übernehmen – wenn immer schon alles erledigt ist, besteht ja auch kein Grund, sich darum zu kümmern und sich zu bemühen. Zum anderen sind die Aufgaben keinesfalls unwichtig – wir haben gesehen, dass ohne deren Erfüllung ein harmonischer Familienalltag meist nicht mehr gegeben ist – aber sie werden so verbucht. Die Frau macht die „unwichtigen Aufgaben", für die es auch keine wirkliche Entlohnung gibt, weder finanziell noch in puncto Anerkennung. Im schlimmsten Fall gibt es genervtes Gemaule der Kids, wenn Mama den Wandertag vergessen hat oder der Mann beschwert sich, warum für seine Erbtante noch kein schönes Geschenk ausgewählt und eingepackt wurde, sie würde doch gleich auf der Matte stehen.

Mental Load ist nicht sichtbar. Sichtbar ist nur, wenn etwas nicht funktioniert und auch nur dann gibt es in der Regel eine Reaktion. Somit ist das Erledigen dieser Aufgaben ein stummer Liebesdienst, der kaum honoriert wird und auch nicht gesehen wird in seinen Auswirkungen: „Wovon bist du denn müde?" „Ich war den ganzen Tag im Büro! Ich wäre froh, wenn ich mir den Tag so nett einteilen könnte, wie du und immer machen könnte, worauf ich grade Lust habe!"

Die Vorstellung, dann einfach mal fünfe gerade sein zu lassen und zu denken: „Dann werden die anderen sehen, was ich sonst immer alles leiste, wenn plötzlich nichts mehr klappt!", ist zwar auf der einen Seite verlockend, für die meisten von uns aber nicht lange genug auszuhalten. Weil eben auch das Umfeld uns in der Verantwortung sieht, wenn das Kind nicht zum Klavierunterricht erscheint, das Matheheft vergessen hat oder die Stimmung am Geburtstagstisch bei Tante Erna so drückend ist, dass du kaum atmen kannst vor lauter unausgesprochenem Vorwurf. Gerade Frauen, die berufstätig sind und Kinder haben oder ein Familienmitglied pflegen oder anderweitig betreuen, geraten hier schnell an ihre Grenzen.

Allerdings ist Mental Load nicht nur bei Frauen mit Kindern ein Thema. Auch in anderen Beziehungen wird oft stillschweigend angenommen, dass die weiblichen Teile einer Gruppe diese Organisations- und Care-Aufgaben übernehmen. Neben der Strukturierung und dem Meistern des Alltags wird im deutschsprachigen Raum zum Mental Load nämlich auch das Eingehen auf die Bedürfnisse und Wünsche der anderen gezählt.

Es wird erwartet, dass die Gastgeberin ein entsprechend angepasstes Menü auf der Festtagstafel anrichtet, wenn an Weihnachten der Schwager mit seiner laktoseintoleranten Freundin kommt – nicht der Partner, dessen eigener Bruder ja immerhin die Dame mit den besonderen Ernährungsbedürfnissen mitbringt.

Da wird stillschweigend angenommen, dass die Frau im Team die Abschiedsparty für die Chefin ausrichtet, Karte, Geschenk und Kuchen besorgt und auch die richtigen Worte zum Abschied schreibt. Für die Unterschriften der Kollegen muss sie dann natürlich auch durchs Büro laufen und fünfmal nachfragen, denn die haben ja so viel zu tun.

Beim Geburtstag gleicht man all die möglichen Stolperfallen aus, die anstehen könnten, bedenkt, dass Opa Jürgen nichts mit Nüssen essen darf und am besten vor sechs gefeiert werden sollte, weil Großtante Käthe sonst nicht mit dabei sein kann und schwer gekränkt wäre und die Cousine sollte bloß nicht bei Onkel Jürgen sitzen, da ist immer noch dicke Luft wegen der Sache vor zwei Jahren auf der Hochzeit von Anneli. Und dann fragt der Liebste wie jedes Jahr, wie denn die Adresse seines Kumpels in der Schweiz ist und man fragt zum wiederholten Male zurück, warum er sie sich nicht selbst notiert.

All diese Sachen kosten Kraft. All diese Informationen kosten Platz im Kopf. All diese Gespräche, Verhandlungen, Absprachen und Ausgleichsmanöver sind in der Summe zeitaufwendig und anstrengend. Dieser Aspekt spielt maßgeblich in die Work-Life-Balance hinein. Während nämlich zumindest das Arbeitsleben oft klare Strukturen aufweist und in Stundenzahl und Aufgabenfelder definiert und festgelegt ist, kann Mental Load immer mehr wachsen und ganz unterschiedliche Kenntnisse und Leistungen einer Person erfordern. Neben offensichtlichen Leistungen wie der Erwerbsarbeit und der Hausarbeit kommt dann eben auch Mental Load als oft übersehener Kraftakt hinzu.

Messen mit zweierlei Maß

Wie bereits erwähnt, geht diese Form der Arbeit oft vollkommen ohne soziale Anerkennung einher. Es wird nicht nur einfach hingenommen, dass Frauen diesen Teil der Familie, der Schule, der Gemeinde, der Gesellschaft am Laufen halten, es wird regelrecht erwartet – und es wird sehr pikiert reagiert, wenn Frauen nicht bereit sind, diesem Muster einfach weiter zu entsprechen oder es nicht mehr schaffen.

Denn auch wenn Paare, bestehend aus einem Mann und einer Frau, heute oftmals versuchen, gleichberechtigt zu leben, ist es doch so, dass sowohl die Terminplanung der Kernfamilie als auch die Organisation des Alltags zu Großteilen im Aufgabenbereich der Frau liegt – mit all den kleinen und großen Dingen, die daran hängen – und eine gerechte Aufgabenteilung in der Realität meist einfach nicht stattfindet.

Das führt selbstverständlich auch zu einem anderen Umgang im Außen: Während eine Mutter schnell mal ins Kreuzverhör genommen wird, wenn sie nicht auf Anhieb weiß, welches eingeladene Kind beim Kindergeburtstag welche Unverträglichkeiten hat und dementsprechend ein auf alle Kinder abgestimmtes Menü vorweisen kann, um ja kein Kind auszuschließen, wird beim Vater schon gestaunt, wenn er drei Spielkameraden des Kindes beim Namen nennen kann. Die Kontaktdaten hat dann die Mutter im Handy gespeichert, aber immerhin hat Vati sich ja so bemüht und ist ein Mann, den man unbedingt festhalten sollte.

Im Falle des Falles klingeln die Erzieher bei Mama an, nicht bei Papa. Wenn Familienfeste geplant werden, erledigen das die Frauen der Familie, ebenso wie die Menüplanung und das Programm und wer besorgt doch gleich Geburtstagskarten und Geschenke in der Familie, macht Termine für Vorsorgeuntersuchungen oder bringt Hund oder Kinder zum Arzt? Wer kümmert sich um die alte Nachbarin? Auch ehrenamtliche Tätigkeiten, die eine Gemeinde am Laufen halten, oder Freiwilligenarbeit in der Schule der eigenen Kinder übernehmen Frauen deutlich öfter als Männer – und es wird daher auch erwartet. Während ein Mann beklatscht wird, der sich einbringt, wird eine Frau schief angeguckt, wenn sie sich nicht einbringt. Beim Mann ist es eine besondere Leistung, bei der Frau gehört es dazu.

Wenn die Puste ausgeht

Das Problem an dieser implizit gestellten Anforderung ist die unausweichliche Überforderung. Jede Frau will einen Platz in der Gesellschaft und die Bedingung dafür ist, so gut wie möglich nach den Regeln dieser Gesellschaft zu spielen.

Der Mensch an sich ist ein Herdentier. Er möchte sich zugehörig fühlen, eingebunden sein in eine Gemeinschaft, anerkannt werden, mitmachen, nicht komisch auffallen, eine Gruppe haben. Selbst wenn wir uns als Teenager anders fühlen als der Rest, wollen wir meist Teil von etwas Größerem, Mitglied in einer Clique, einer Gruppe sein. Wir möchten einen Platz in einer Jugendkultur finden, einer Szene, die uns Halt, Sicherheit und ein Zuhause bietet und Menschen, mit denen wir uns austauschen können, von denen wir uns in unserem innersten Kern gesehen, verstanden und akzeptiert fühlen.

Als Erwachsene sind wir in der Regel nicht mehr ganz so stark auf unsere Peer-Group bezogen, weil wir uns als Persönlichkeit entwickeln und festigen konnten und den Übertritt vom unmündigen Kind zum mündigen Erwachsenen bereits durchlebt haben – wir sind aber immer noch soziale Wesen und auf der Suche nach Anschluss und Kontakt.

Wer sich den Regeln einer Gruppe verweigert, riskiert, aus ihr ausgeschlossen zu werden. Das gilt auch dann, wenn ein Großteil der Gruppe diese Regeln gar nicht selbst gemacht hat, sondern auch nur in diese hineingeboren wurde und sie übernommen hat. Wenn ich mich daran halte, sollen sich auch alle anderen daran halten. Wer gegen den Strom schwimmt, irritiert. Selbst wenn es zum Wohle aller ist. Gegenwind muss vor allem von den Menschen befürchtet werden, die bisher von der systematischen Benachteiligung profitiert haben und sich daher mit Veränderungen besonders schwertun. Aber auch die Allgemeinheit an sich kann sich durch Erschütterungen des Status Quo schnell irritiert fühlen, inklusive dir selbst.

Daher ist es auch gar nicht so leicht, aus diesem gesellschaftlich fest verankerten Netz aus Mustern und Erwartungen auszusteigen. Zudem sind wir in diesem Netz erzogen und aufgezogen worden und haben viele Strukturen selbst verinnerlicht. Wir müssen sie uns immer wieder vor Augen führen und bewusst machen und sind uns mitunter gar nicht klar darüber, woher unsere innere Unzufriedenheit kommt. Oder aber wir wissen genau, dass unsere als feminin gedeuteten Eigenschaften als Schwächen gesehen werden und die als maskulin geltenden Herangehensweisen bevorzugt werden. Wir richten unser Leben dann vielleicht nach diesen vermeintlich männlichen Fähigkeiten und Stärken aus, sind unzufrieden mit unserer Position und frustriert, weil wir als Einzelperson wenig gegen strukturelle Ungleichheit tun können.

Zudem möchten wir gemocht und angenommen werden, und versuchen dann eben doch den überzogenen Erwartungen, die Frauen heutzutage überfordern, gerecht zu werden. Wir versuchen mit allen Mitteln die Superfrau zu verkörpern, die alles schaffen muss und dabei noch gut aussehen soll. Beruf, Familie, Ehrenamt, Persönlichkeitsentwicklung. In puncto Idealbilder der fürsorglichen und alles könnenden, aber dabei doch bescheidenen Frauen, Partnerinnen und Mütter stehen uns diverse zum Teil miteinander konkurrierende und vollkommen gegensätzliche gesellschaftliche Erwartungen und Rollenbilder zur Auswahl, die wir am besten alle gleichzeitig bedienen sollen. Aber wie soll das gehen?

Wenn der Berg an Aufgaben vor dir ins Unermessliche wächst, dann kann sich schnell oder auch schleichend ein Gefühl der Überforderung breit machen. Jeder Mensch reagiert ein wenig anders auf diese Situation und nicht immer ist auf den ersten Blick zu erkennen, dass du es in dem aktuellen Moment mit diesem Gefühl zu tun hast: Manch eine reagiert mit gesteigerter Effizienz darauf, eine andere mit Prokrastination, die nächste, indem sie für die Zukunft lebt.

→Aufschieberitis: Das mach ich später

Wenn der Druck und die Anforderungen zu viel werden, kann Prokrastination, also Aufschieberitis, als besonders paradoxe Reaktion darauf betrachtet werden – schließlich wächst der Berg an Aufgaben ja so immer weiter, wenn wir uns nicht um die anstehenden Dinge kümmern.

Durch das Aufschieben entsteht sogar meist noch viel mehr Stress, weil beispielsweise der nicht ausgewechselte Staubsaugerbeutel die Reinigungsleistung des Staubsaugers beeinflusst, die nicht bezahlten Rechnungen mit Mahnungen quittiert werden und der nun schon zweimal verschobene Zahnarzttermin an dem lästigen Weisheitszahn auch nicht wirklich etwas verbessert hat.

Aber wenn wir mental oder physisch einfach nicht mehr in der Lage sind, uns mit der aktuellen Situation auseinanderzusetzen und diese zu bewältigen, ist diese Form der Vermeidung zumindest kurzfristig eine Möglichkeit, sich wenigstens emotional aus dem schier unaufhaltsamen Hamsterrad zu lösen. Wir verschieben die unzähligen Anforderungen einfach auf später, in der Hoffnung, dann besser gewappnet zu sein. Dadurch, dass die Welt in der Zwischenzeit aber nicht anhält, sondern sich munter weiterdreht und Arbeit, Haushalt und Familie eben auch weiterhin existieren, summiert sich das Pensum und wenn wir uns unserer To-do-Liste etwas gestärkt wieder zuwenden, sehen wir uns mit gefühlt 100 weiteren Punkten konfrontiert. Wir fühlen uns noch mehr überfordert und nicht selten wählen Menschen, die zum Prokrastinieren neigen, dann erneut die Vermeidungsstrategie und geraten so in einen regelrechten Teufelskreis.

Denn während des Vermeidens, während des Aufschiebens fühlen sich die wenigsten von uns wirklich entspannt. Kaum eine kann gemütlich relaxen, wenn da noch das Chaos in der Küche ist, morgen der Besuch kommt und der Kühlschrank leer ist. Wir tun zwar so, aber nun nagen auch noch das Gefühl von Unzulänglichkeit und ein diffus schlechtes Gewissen an uns – gegenüber dem Mann, für den wir die tolle Powerfrau sein wollen, gegenüber den Kindern, die eine liebevolle und fürsorgliche Mutter verdient haben, gegenüber den Freundinnen, die ein freudiges Gegenüber zu Gesicht bekommen sollten und gegenüber den Kollegen und wenn wir schon mal dabei sind, kommen auch der Hund und das Meerschweinchen der Tochter viel zu kurz.

Wir sind Meisterinnen darin, uns in einer solchen Situation zu zerfleischen und so führt die vermeintliche Pause auch nicht wirklich zu einer so dringend benötigten Auszeit, in der wir wirklich auftanken können, um uns wieder fit genug zu fühlen, die Mehrfachbelastung zu stemmen.

→ Zeitmanagement als Mittel gegen das Zuviel

Der Versuch, dem Aufgabenwust mit besonders viel Effizienz entgegenzutreten, ist an und für sich keine schlechte Idee. Eine gute Organisation und ein strukturierter Tagesablauf helfen bei der Bewältigung von Routineaufgaben und erleichtern das Leben ungemein.

Wenn wir es geschafft haben, uns sinnvolle Routinen anzugewöhnen und Termine besser einzuhalten, erleben wir, wie wir deutlich weniger gestresst sind. Wir laufen nicht mehr wie aufgescheuchte Hühner umher, die von einem unerwarteten Geburtstag oder einer nicht eingeplanten Präsentation vollkommen aus der Bahn geworfen wurden. Stattdessen können wir uns die nötige Zeit nehmen, um uns auf anstehende Ereignisse entsprechend vorzubereiten. So die Theorie …

Nicht selten wird das Zeitmanagement aber zu einer möglichst optimalen Ausnutzung der eigenen Ressourcen, was in echte Härte gegen sich selbst umschlägt. 100 Prozent sind und bleiben aber 100 Prozent und wer dauerhaft darüber hinausgeht, wird über kurz oder lang körperlich oder seelisch krank.

Es geht dann weniger darum, Dinge so zu planen, dass du genug Luft hast, um sie in aller Ruhe zu bewältigen, sondern vielmehr darum, deine Mehrfachbelastung so in deine 24 Stunden zu stopfen, dass du allem und jedem gerecht wirst – außer dir und deiner Gesundheit.

→ Träumen von der Zukunft

Auch der Versuch, jetzt im Moment die Zähne aufeinander zu beißen und vom Leben in der Zukunft zu träumen, vom Silberstreif am Horizont, kann helfen, eine aktuell schwere Situation besser zu ertragen. Der Gedanke an die Belohnung in der Ferne, die freie Zeit, kann dich darin unterstützen, deine Motivation aufrecht zu halten und Hürden zu meistern, auch wenn dein innerer Schweinehund schon wieder längst die Füße hochlegen will und nach einer umgehenden Belohnung verlangt.

Genau dafür ist diese Einstellung goldrichtig. Sie hilft dir dabei, langfristige Ziele zu verfolgen und mit kurzfristigen Unannehmlichkeiten besser umzugehen, bis du dein Ziel erreicht hast. Wenn die Kinder erst mal im Kindergarten sind/wenn ich eine bessere Betreuung für Mutti gefunden habe/wenn ich dieses Projekt fertig habe/wenn das Jubiläum organisiert ist – dann kann ich endlich entspannen ...Wir alle hatten diese Gedanken bereits, und haben uns daran festgehalten, wenn alles über den Kopf zu wachsen drohte.

Wird allerdings an den strukturellen Problemen nichts gelöst und behältst du dauerhaft den gesamten Mental Load auf deinen Schultern, wird diese Zukunft, in der du endlich entspannen kannst, nie eintreten. Du wirst nur davon träumen, während die Gegenwart vor deinen eigenen Augen zerrinnt und du dich an ihr abarbeitest. Immer auf ein „Wenn..." hin, das du nie erreichen kannst, weil eine stetige Batterie an Aufgaben nachwächst, die du vermeintlich zu erfüllen hast.

Hast du dich in einem der vorgestellten Typen wiedergefunden oder eine Form der Kombination erkennen können? Dann solltest du überlegen, ob hinter diesen Verhaltensmustern und Einstellungen mehr steckt, als „Ich bin gerade etwas im Stress!"

Das gilt vor allem dann, wenn dieser Zustand schon länger anhält und nicht beispielsweise das Ergebnis von einigen Wochen ist, in denen du ein Ausnahmeprojekt zu bewältigen hattest, wie etwa eine Hochzeit oder einen Jobwechsel.

Zeigst du Verhaltensmuster der drei vorgestellten Typen nicht nur in Ausnahmesituationen, sondern ist dies eher die Regel, dein Alltag, ist dringend ein Innehalten angesagt, ein Hinter-die-Kulissen-gucken. Nutze die Chance zu einer Bestandsaufnahme und überlege dir, wann und in welchen Situationen du wie einer der vorgestellten Typen mit Prokrastination, Superduper-Effizienz oder der Durchhalteparole reagierst. Wie oft bestimmt dies deinen Alltag? Und wie fühlst du dich damit?

Wie geht es dir wirklich, wenn du hinter die Fassade dieser Coping-Strategien schaust?

Der Begriff „Burnout" ist zwar nicht eindeutig definiert, aber allgemein werden darunter verschiedene Symptome zusammengefasst, die psychische und physische Erschöpfung signalisieren. Als Bild wird oft ein Holzstab verwendet, der von beiden Seiten angezündet wird. Er brennt rasch aus. Das Burnout wird auch als Vorstufe einer Depression verstanden und es wird davor gewarnt, darüber hinwegzugehen und „sich einfach zusammenzureißen", da die Gefahr, dann an einer Depression zu erkranken, im Vergleich zu nicht von Burnout betroffenen Menschen relativ hoch ist.

Burnout – das ist was, was andere kriegen

Wie ist das bei dir? Befürchtest du Burnout-gefährdet zu sein oder erlebst du bereits Symptome, die darauf hindeuten?

Ein Selbsttest kann einen ersten Eindruck vermitteln, wo du dich gerade befindest und wie es um deine körperliche und mentale Kraft steht.

- Fühlst du dich immer häufiger erschöpft, auch wenn der Tag gar nicht so anstrengend war?
- Hast du morgens schon keine Lust auf den Tag?
- Weißt du nicht, wann du das letzte Mal was Schönes gemacht hast, vor lauter zu erledigenden Aufgaben?
- Sehnst du dich morgens schon danach, wieder ins Bett zu gehen?
- Wenn du dann aber im Bett liegst, kannst du nicht einschlafen?
- Schläfst du unruhig oder wachst immer wieder auf?

- Fühlst du dich einfach nicht erholt, ganz gleich wie viel du schläfst und wie gut du isst?
- Machen dir Aktivitäten, die dir früher Freude bereitet haben, keinen Spaß mehr, sondern sind einfach ein weiteres To-do?
- Hast du das Gefühl, in einem Hamsterrad zu stecken?
- Sehnst du dich nach mehr Anerkennung für deine Arbeit?
- Hast du das Gefühl, dass dir alles über den Kopf wächst und du immer nur hinterherhängst?
- Fällt es dir schwer, mit deinem Tagewerk zufrieden zu sein, weil es nie reicht?
- Wünschst du dir mehr Anerkennung für das, was du tust?
- Hast du weniger Lust auf Kontakte, obwohl du dich nach Nähe sehnst?
- Fällt es dir schwer, dich zu konzentrieren oder „alles auf dem Zettel zu behalten"?
- Hast du eine Veränderung in deinem Essverhalten beobachtet, etwa Appetitlosigkeit oder Frustessen?
- Neigst du zu Verspannungen, knirscht du nachts mit den Zähnen, hast du Kopf- oder Rückenschmerzen?
- Hast du alles satt und willst einfach nur alles hinschmeißen?

Je mehr Fragen du mit Ja beantwortet hast, umso eher lohnt es sich, die eigene Position zu überdenken und das eigene Verhalten und Denken zu überprüfen, um besser für dich zu sorgen.

Die Symptome eines Burn-outs können natürlich von Person zu Person variieren, auch bezüglich der Ausprägung und Häufigkeit, in der sie auftauchen. Am häufigsten ist das Gefühl einer grundlegenden Erschöpfung. Damit ist nicht das Unwohlsein nach einer schlechten Nachtruhe gemeint, sondern ein dauerhafter Zustand, der auch durch ausreichend Schlaf, Nickerchen am Tage und jede Menge Pausen nicht verschwindet.

Sowohl körperlich als auch geistig fühlen Betroffene sich ausgelaugt und übliche Erholungsfenster reichen nicht aus, um „die Batterien wieder aufzuladen". Schlafprobleme, Unzufriedenheit, Antriebsschwäche und Konzentrationsstörungen gehen ebenfalls oft mit der Müdigkeit einher. Schwächegefühle können sich auch körperlich bemerkbar machen: Dein Immunsystem arbeitet weniger gut, du fängst dir schneller etwas ein und brauchst länger, um dich bei einer Erkältung auszukurieren.

Auch deine Stimmung kann schwanken. Neben Niedergeschlagenheit können sich auch ängstliche Episoden oder Wutgefühle zeigen, die auf den ersten Blick nicht angemessen zu sein scheinen. Du gehst bei einer Kleinigkeit in die Luft oder weinst wegen einer Lappalie, hast Angst vor Dingen, die dir bisher nichts ausgemacht haben oder fühlst eine nicht näher zu definierende Unruhe, obwohl doch eigentlich alles soweit okay ist. Dinge, die dir früher Spaß gemacht haben, wiegen jetzt schwer auf deinen Schultern und sind nur ein weiterer Punkt auf deiner To-do-Liste. Kontakte, die dir Kraft gegeben haben, erscheinen jetzt als lästige Verpflichtung und du begegnest Unvorhergesehenem weniger souverän, sondern reagierst schnell mit Überforderung oder sogar Aggressivität.

Und trotz der bleiernen Erschöpfung finden viele Betroffene keine Ruhe, sondern haben das Gefühl, immer weiter funktionieren zu müssen. Das abendliche Abschalten fällt schwer, sowohl körperlich als auch geistig und trotz der Müdigkeit scheint immer auch eine innere Unruhe präsent zu sein, die die Erholung unmöglich macht. Dr. Libby Weaver schreibt in ihrem Buch „Das Rushing-Woman-Syndrom" von dem Dilemma, dass betroffene Frauen aufgrund von der andauernden Mehrfachbelastung durch Kinder, Beziehung, soziale Verpflichtungen, Beruf und Haushalt, nicht aus dem Zustand der konstanten Erschöpfung und Überreiztheit hinausfinden können und nicht selten versuchen, mit

Kaffeetrinken oder anderen „Tricks" gegen die eigenen Körpersignale anzuarbeiten und weiter zu funktionieren, um so die Erwartungen der Gesellschaft an die moderne Frau zu erfüllen.

Genau diese Tricks, dieses Funktionieren-wollen, ja Funktionieren-müssen, können es dir auch schwer machen zu erkennen, dass tatsächlich ein Problem vorliegt. Die Betroffenen merken zwar, dass etwas nicht stimmt, aber sie funktionieren nach außen weiterhin und bekommen dementsprechend auch keine Rückmeldung. Vielleicht gibt's nur einen Kommentar, sie sollten doch mal wieder mehr lächeln, sie hätten da so eine unschöne Stressfalte entwickelt oder sie wären ganz schön kurz angebunden und schnippisch. Dabei seien sie nur „ein wenig gestresst" und das gehört ja heutzutage fast schon zum guten Ton.

Eine Frau, die ganz entspannt verkündet, sie habe heute nichts mehr auf ihrer Agenda und würde sich einfach nur um sich und ihre Bedürfnisse kümmern, wird schnell mal komisch angeguckt oder sie sieht sich Unterstellungen gegenüber: „Die kümmert sich bestimmt auch gar nicht um ihre Kinder. Wenn der mal nicht der Mann davonläuft, wenn die sich so um sich dreht. Mit der Arbeitsmoral kann es ja nicht so weit her sein."

Denn schließlich soll der moderne Arbeitnehmer erreichbar und flexibel sein. Aspekte, die eigentlich dazu gedacht waren, das Arbeiten an individuelle Bedürfnisse anzupassen, führen jetzt dazu, dass wir für unsere Vorgesetzten immer erreichbar sein sollen, gerne auch am Wochenende oder an den Feiertagen.

Gleitende Arbeitszeiten sorgen dafür, dass ein fester Feierabend verschwindet und nur mal schnell etwas erledigt werden soll. Und gerade Frauen, die im Job erleben, dass sie sich immer neu um Anerkennung bemühen müssen, neigen dazu, diese Anerkennung dann eben nicht einfach durch ihre gute Arbeit, sondern zusätzlich durch Verfügbarkeit und ein möglichst unkompliziertes, gefälliges Verhalten zu erreichen.

Aus dem Privatleben ist eine Frau es ja ohnehin gewohnt, dass sie „verfügbar" ist. Während der Mann wie selbstverständlich im Büro oder Hobbykeller nicht gestört wird, haben Frauen im Durchschnitt sogar viel weniger oft ein eigenes Zimmer oder gar eine eigene Ecke im gemeinsamen Wohnraum und somit außerhalb des Schlafzimmers auch keine wirkliche Rückzugsmöglichkeit.

Genau wie der Umstand, dass Frauen bis heute immer noch größtenteils bei der Eheschließung den Namen ihres Mannes annehmen und somit in den Teil seiner Familie übergehen, ist auch in modernen Haushalten der Wohnraum von Familien meist klar auf alle Mitglieder aufgeteilt, während die Frau in die anderen Räume übergeht: Sie findet sich in den öffentlichen Räumen (darf zum Ordnung halten, Lüften und Beistand spenden aber durchaus auch in die anderen Zimmer), aber der Mann in seinen eigenen Zimmern, wo er die Tür hinter sich zumachen, sich räumlich abgrenzen kann.

Du kennst es wahrscheinlich selbst, dass oft gar keine Zeit und kein Raum da ist, zur Ruhe zu kommen und die eigene Situation zu überdenken. Um einmal ganz entspannt in dich hineinzuhorchen und zu hinterfragen, wie es dir eigentlich geht. Wie du dich fühlst, ob du überlastet bist.

Stattdessen ist die Überlastung Normalzustand und weil sie in deinem Leben so normalisiert ist, erwartet auch dein Umfeld nichts anderes von dir und begegnet dir mit immer mehr Erwartungen.

Dieses Buch soll dich dazu ermuntern, weg von all diesen Erwartungen zu kommen und hin zu einer Lebensweise zu gelangen, bei der deine eigenen, ganz persönlichen Bedürfnisse geachtet werden. Es geht darum, einfach Frau zu sein, Weiblichkeit zu leben, der weiblichen Intuition zu folgen und über die Qualität von Zeit und Natur in der Gegenwart anzukommen. Stress loslassen, Energie fließen lassen und deine Rolle in all ihren

Facetten selbst definieren, mit deinen individuellen Stärken und weniger starken Seiten.

Wie lesen sich diese letzten Sätze? Bemerkst du eine Erleichterung in deinem Körper? Sind die Schultern vielleicht ein Stückchen nach unten gerutscht oder hast du einen tieferen Atemzug nehmen können?

Lass dir den letzten Absatz noch einmal auf der Zunge zergehen.

→ Welche Bilder steigen in dir auf?

→ Wie würde deine Lebenswirklichkeit aussehen, wenn du deine Rolle als Frau in unserer Gesellschaft selbst definieren und festlegen dürftest – ohne Gegenwind erwarten zu müssen?

→ Welche Möglichkeiten würdest du dir für deine Tochter oder eine andere junge Frau oder ein anderes junges Mädchen in deinem Umfeld wünschen, damit sie voller Zutrauen in sich und ihre Fähigkeiten aufwachsen könnte?

→ Was wäre dir von besonderer Wichtigkeit?

Es kann sein, dass die Option, etwas ändern zu können, dir erst einmal Angst macht oder du mit Abwehr und Widerwillen reagierst. Wir Menschen sind nun mal Gewohnheitstiere. Gerne sagen wir deshalb auch: „Ach, das will ich gar nicht so genau wissen!", wenn uns jemand über einen Missstand informieren möchte. Wenn wir nämlich Informationen darüber haben, liegt es an uns, etwas zu tun. Dann können wir uns selbst in die Verantwortung nehmen, statt uns nur zu beklagen oder weiterhin hilflos die Hände in den Schoß zu legen.

Aber die eigene Weiblichkeit zu entdecken und anzuerkennen, hat auch viel damit zu tun, in die eigene Kraft zu kommen – und damit steht dir eine Quelle offen, die es dir möglich macht, alte Unsicherheiten zu überwinden und für dich und deine Bedürfnisse einzustehen.

Darf ich aus dem Hamsterrad einfach aussteigen?

Solltest du einerseits zwar ein Sehnen nach einem neuen Ausdruck deiner Weiblichkeit spüren, aber noch zögern, weil du unsicher bist oder mit dem Unverständnis deines Umfeldes rechnest, dann erkenne das an.

Du bist nicht gezwungen, dein ganzes Leben von heute auf morgen umzukrempeln. Es ist vollkommen in Ordnung, bei größeren Veränderungen erst einmal in Ruhe alles gedanklich durchzuspielen. Es ist auch vollkommen in Ordnung, wenn du zunächst nur einige Punkte ändern möchtest und es in manchen Situationen noch nicht schaffst, klar für dich Position zu beziehen.

Betrachte das Ganze als Prozess, als spannende Reise zu dir selbst, mit Umwegen, Sackgassen und vielen neuen Aussichten, die du genießen kannst, wenn du dir die Zeit nimmst, hinzuschauen. Erlaube dir die nötige Zeit für die Veränderungen, die du in deinem Leben anstreben möchtest und gestatte dir all die Emotionen, die möglicherweise aufkommen können, wenn du dir bewusst machst, dass vielleicht auch du unter diesem enormen Druck stehst oder gar daran zu zerbrechen drohst.

Viele von uns rufen sich in solch einer Situation bereits wieder innerlich zur Räson: „Wie habe ich es nur so weit kommen lassen? In jedem Frauenmagazin wird doch davor gewarnt! Ich war doch letztes Jahr mit meiner Schwester beim Wellness, vielleicht bin ich einfach nur nicht tough/hart/stark genug!"

STOP!

Du bist genau richtig, wie du bist. Und die Welt kann alles Mögliche gebrauchen, aber sicher nicht mehr Härte. Erlaube dir dein Sein, dein Wahrnehmen, dein Einfühlungsvermögen, deine Emotionen.

Sie sind da. Sie sind nicht du, aber sie sind da und sie sind ein Teil von dir. Sie wollen gesehen und anerkannt werden. Wenn du sie wegdrückst, in der Hoffnung, noch tougher, rationaler und leistungsfähiger zu sein, werden sie, wie wir bereits gesehen haben, entweder auf körperlichem Weg mittels Kopfweh, Rückenschmerzen oder Schlafproblemen oder auf psychischem Weg mit Erschöpfung, Wut, Angst und Niedergeschlagenheit einen Weg finden, auf sich aufmerksam zu machen.

Ganz wichtig: Sei liebevoll mit dir auf dieser Reise, während dieses Prozesses und weite dieses Verständnis für dich auch auf deine Mitmenschen aus, wenn du die nötige Kraft dafür aufbringen kannst. Nicht jeder Mann ist ein Schuft. Die Welt ist nicht schwarz-weiß und das ist gut so. Auch wir Frauen zeigen sexistisches Verhalten und wiederholen Muster, die uns selbst unterdrücken, einfach, weil wir es so gelernt haben, weil wir es so gewohnt sind. Das geschieht ganz unbewusst und ist nicht böswillig gemeint. Das soll keinesfalls offenkundiges Fehlverhalten und Ungerechtigkeit entschuldigen, sondern es dir erleichtern, auf deinem Weg zu deiner befreiten Weiblichkeit nicht an jeder Ungerechtigkeit zu verzweifeln. Wenn du stattdessen weißt, dass diese Dinge historisch bedingt sind und oftmals das Ergebnis von jahrzehnte- oder sogar jahrhundertelangen Entwicklungen, dann kannst du dir und auch deinen Mitmenschen sicher mit mehr Mitgefühl und Verständnis begegnen, wenn es irgendwo mal hakt.

Ein weiterer Punkt ist der Aspekt, sich und die eigenen Bedürfnisse an die erste Stelle zu setzen. Vor allem diejenigen Frauen hadern damit, die von klein auf vorgelebt bekommen haben, dass es ihre Aufgabe ist, sich um andere zu kümmern, sich in Verzicht zu üben und deren Mütter oder andere weibliche Verwandte und Freunde sich dafür gerühmt haben, wie zäh und unbarmherzig sie doch gegen sich und ihre Bedürfnisse sind, die erlebt haben, wie Frauen in ihrem Wert daran gemessen wurden, wie sehr sie sich für andere aufopfern.

Anzuerkennen, dass da einige Dinge nicht rund laufen, fällt den meisten von uns nicht allzu schwer. Wir sind es gewohnt, kritisiert zu werden und wir kritisieren uns selbst nonstop. Wir bekommen immerzu suggeriert, dass wir unzulänglich sind und dass wir dringend noch diese Creme brauchen, um wacher zu wirken, diesen Ernährungsplan, um dünner zu sein, und diese Qualifikation, um endlich beruflich ernst genommen zu werden. Aber die Kritik hört eben bei uns auf und betrachtet nicht das große Ganze. Da sind wir wieder bei den drei „Strategien", die gerne genutzt werden, um den anstehenden Belastungen des Alltags doch noch gerecht zu werden: Prokrastination, Zeitmanagement und das Leben für die Zukunft. Aber du weißt mittlerweile, dass diese Strategien keine wirkliche Erleichterung bringen, sondern der Überforderung vielmehr noch zuarbeiten.

Sich einzugestehen, dass da Dinge zu viel werden und dass du nicht mehr bereit bist, alles stillschweigend alleine zu schultern, kann unsicher machen – weil in unseren Köpfen eben diese Geschichten von den selbstgenügsamen Übermüttern festsitzen, weil wir Angst haben, unfähig zu wirken, weil wir nicht scheitern wollen. Und weil wir Sorge haben, dass wir nicht ernst genommen werden.

Gerade Frauen, die als Hausfrau oder in Teilzeit tätig sind, sehen sich immer wieder mit der Aussage konfrontiert, sie würden ja gar nicht wirklich arbeiten, sie könnten gar nicht verstehen, wie das ist, mal richtig erschöpft zu sein. Und in so einer Situation sollst du sagen, dass du Angst vor einem Burn-out hast? Du bist ja wohl kein Top-Manager mit einer 60-Stunden-Woche, der von Stadt zu Stadt fliegt.

Nein, das bist du wahrscheinlich nicht. Aber Termin- und Leistungsdruck kennst du auch. Hast du Kinder oder kümmerst du dich um Angehörige, hast auch du zahlreiche kurze Nächte, von den Unterbrechungen ganz zu schweigen. Du musst dich permanent selbst neu organisieren, musst dich abhetzen und stehst unter Zeit- und Leistungsdruck, der sich dir in ganz unterschiedlicher Form zeigen kann. Ein Abschalten nach Feierabend ist bei Care-Aufgaben so gut wie nicht möglich, weil du immer in der Verantwortung bist. „Ja, aber das hast du dir ja auch ausgesucht!" mag da vielleicht ein Stimmchen in deinem

Kopf ertönen. Ja, das hast du. Der Top-Manager aber auch. Und er wird dementsprechend finanziell und sozial entlohnt. Du nicht. Er kann Aufgaben delegieren und sich so Freiräume schaffen. Inwiefern hast du die Möglichkeit dazu?

Es ist wichtig, dass wir sehen, was wir alltäglich bewerkstelligen und unter welchen Bedingungen. Denn erst wenn wir selbst anerkennen, was wir da leisten, können wir auch nach außen klar unsere Position und unsere Wünsche vertreten und aufzeigen: Es wird zu viel. Ich bin nicht mehr bereit, in diesem Hamsterrad mitzulaufen, meiner psychischen und körperlichen Gesundheit, meiner Familie und mir zuliebe!

Bevor du weiterliest, mach bitte eine kurze Pause und überlege dir:

→ Wie kannst du gut für dich sorgen, wenn dich die Thematik zu überrollen droht?

→ Wie kannst du verhindern, dass du in ein erneutes Hamsterrad gerätst und dir zu viel abverlangst?

→ Gibt es Marker, die du dir setzen kannst?

Etwa einen kleinen Gong, der dich einmal am Tag zur Innenschau einlädt und dir bewusst macht, gut auf dich zu achten? Wie wären kleine Post-Its oder ausgedruckte Bilder mit entsprechenden Zitaten?

Vielleicht funktioniert für dich ja auch ein hübscher Startbildschirm mit einem entsprechenden Hinweis auf deinem Smartphone, wenn du viel unterwegs bist. So wirst du jedes Mal, wenn du es in die Hand nimmst und es entsperrst – und das ist in unseren Zeiten ja wirklich oft – daran erinnert, gut auf dich und deine Kräfte zu achten! Ein erster wichtiger Schritt weg von der Burnout-Gefahr und hin in deine neue weibliche Kraft.

Achtung: Wenn du merkst, dass du psychisch stark belastet bist oder du beispielsweise auch entsprechende Rückmeldungen aus deinem Umfeld bekommen hast, kann es auch ratsam sein, sich eine Fachkraft ins Boot zu holen. Gemeinsam mit einer gut ausgebildeten Ärztin oder Therapeutin kannst du schauen, ob und welche Unterstützung dir jetzt helfen könnte und du kannst dich auch beraten lassen, wie du diese Hilfe in Anspruch nehmen kannst.

Ein Buch wie dieses ist eine prima Begleitung, aber wenn deine Belastung sehr komplex ist und Körper und Seele schon stark gelitten haben, ist es wichtig, sich die nötige Unterstützung zu besorgen.

Das ist keinesfalls ein Zeichen von Schwäche oder ein Ausdruck, dass du als Mutter, Arbeitnehmerin, Partnerin versagt hast, sondern ein Akt der Selbstfürsorge. Es gibt Möglichkeiten der ambulanten Therapie, aber auch Reha-Maßnahmen, die außerhalb der eigenen Lebenswelt stattfinden. So hast du die Möglichkeit, aus deinem Alltag auszubrechen und endlich einmal mit dem nötigen Abstand durchzuschnaufen und deine Situation objektiv zu überdenken und zu Kräften zu kommen. Für Frauen mit Kindern gibt es entsprechende Mutter-Kind-Einrichtungen, sodass du auch als Alleinerziehende oder als Person, die keine Betreuung für ihren Nachwuchs finden sollte, davon Gebrauch machen kannst.

Kapitel 2:
Polaritäten oder alles gleich?

„Müde, Pipi, kalt – so sind Mädchen halt!"
„Frauen können nicht einparken, Männer keine Gespräche führen."

„Frauen reden ohne Ende, haben 100 Paar Schuhe und brauchen morgens im Badezimmer mindestens eine Stunde."

„Frauen sind warm und nährend, sie sind empfänglich und sanft."

Schon während wir aufwachsen, bekommen wir unheimlich viel und oft mitgeteilt – bewusst und unbewusst – wie Mädchen und Frauen, aber auch Jungen und Männer so sind und zu sein haben. Wir lernen, was wir mögen und wollen, denken und fühlen, sagen und machen sollen, weil wir einem von zwei Geschlechtern zugeordnet werden:

Mädchen mögen pink, Jungs mögen blau.

Mädchen spielen gerne mit Puppen, weil sie bereits einen Familieninstinkt haben, Jungs mögen Monster und Autos, weil sie eben Abenteurer sind.

Mädchen sind Quasselstrippen und weinen leicht. Jungs sind weniger emotional und härter im Nehmen.

Mädchen kneifen und lästern, Jungs raufen und sind dann wieder ehrliche Freunde.

Unmittelbar nach der Geburt definiert die Antwort auf: „Was ist es denn? Junge oder Mädchen?", wie das Neugeborene eingekleidet, wie mit ihm geredet und womit es beschenkt wird.

Die Frage danach, was maskuline und feminine Energien oder Eigenschaften sind, hat die Menschheit schon immer beschäftigt. Menschen werden aufgrund ihres Geschlechts unterschiedlich behandelt und müssen sich mit unterschiedlichen Anforderungen und Erwartungen, aber auch ganz anderen Lebensbedingungen auseinandersetzen.

Werden wir in eine Gesellschaft hineingeboren und in dieser sozialisiert, fallen uns diese Anforderungen und Erwartungen vielleicht mit der Zeit auf, wir bemerken einen Unterschied. Nicht immer ist uns aber bewusst, dass dies vom Menschen geschaffene Strukturen sind, die sich je nach Kultur und Epoche auch verändern können.

Als beliebtes Beispiel wird hier die Zuordnung der Farben zu den Geschlechtern genutzt, um die zeitliche Beschränkung von dem, was dem Weiblichen oder Männlichen zugeordnet wird, darzustellen: Vor wenigen Generationen waren es noch die männlichen Babys, die rosa eingekleidet wurden. Rosa galt als „kleines Rot", also die abgeschwächte Variante der mächtigen Königsfarbe Rot, die den Männern vorbehalten war. Mädchen dagegen wurden bevorzugt in Hellblau, Babyblau gekleidet, weil dies an die blaue Kleidung der Heiligen Jungfrau Maria erinnerte.

Somit ist die in unserer Gesellschaft bestehende Auffassung: „Mädchen lieben rosa, Jungs lieben blau – das war schon immer so!" natürlich zu hinterfragen. Lieben Mädchen rosa, weil all ihr Spielzeug und ihre Kleidung und all das, was als begehrenswert präsentiert wird, nur in Rosa erhältlich ist und manche Eltern sogar verbieten, dass sie mit „Jungssachen" spielen? Oder lieben sie Rosa, weil sie eben Mädchen sind und der Geschmack der Mädchen hat sich im Laufe der Generationen einfach verändert?

Tatsache ist, dass es biologische Unterschiede zwischen den Geschlechtern gibt, die nicht zu leugnen sind. In vielen Kulturen und Epochen gab es allerdings nicht die bei uns heute noch teilweise vorherrschende Einteilung in ein binäres Geschlechterkonstrukt, sondern es wurden viel mehr Geschlechter angenommen. Es war auch möglich, die Zuschreibung, die man in einer Gruppe bekommen hatte, durch das Tragen anderer Kleidung oder Frisuren, zu ändern. Das Geschlecht wurde also nicht als etwas Beständiges angesehen.

In unserer Gesellschaft gibt es heute die Möglichkeit, sein Geschlecht nicht nur als männlich oder weiblich, sondern auch als divers anzugeben. Intersexualität und Transsexualität sind als Begriffe zwar immer noch nicht im Mainstream angekommen, aber sie werden diskutiert, ebenso wie die Auffassung, es gäbe neben dem biologischen Geschlecht, in der Forschung häufig mit dem englischen Wort sex betitelt, noch das gender und die gender identity.

Das Wort gender umschreibt dabei die gesellschaftlichen Normen, die für einen als Mann oder Frau gelesenen Menschen in dieser Gesellschaft und Kultur zu dieser Zeit gelten. Die Normen können sich auf Aussehen, Verhalten und Eigenschaften beziehen und gelten sowohl explizit als auch als stillschweigende Annahmen. Die gender identity fühlt ein Mensch, meist schon sehr früh in seinem Leben. Bei Cis-Menschen stimmt sie mit dem sex überein, bei Transgendern nicht oder nicht komplett.

Betrachtet man vor diesem Hintergrund die Dinge, die in unserer Gesellschaft heute als typisch weibliche Qualitäten gelten, wie beispielsweise das Fließen und Empfangen, das Passive und Natürliche, das Gespür für die Bedürfnisse anderer, gelebt durch Anteilnahme, ausgleichendes Verhalten, Umsicht und Kontaktpflege, Intuition und Bauchgefühl, lässt sich dies ganz anders einordnen.

Lange Zeit galten diese Zuschreibungen als Begründung, warum Frauen für bestimmte Aufgaben weniger gut geeignet waren, wie etwa Finanzen zu kontrollieren oder Macht zu übernehmen – zu emotional – oder warum sie eben besonders gut dafür geeignet waren, etwa die Haushaltsführung zu meistern, weil sie eine so angenehme wohnliche Atmosphäre schaffen könnten und eben von Natur aus häuslich seien oder für das Umsorgen von Menschen, weil sie eben so nährend und empathisch seien.

Seit einigen Jahrzehnten, seit denen die Frau selbstständig und frei leben und entscheiden kann und auch berufstätig sein darf, werden diese vermeintlich weiblichen Attribute auch als typisch weibliche Stärken in der Berufswelt präsentiert: Da zeigen Unternehmen ihre „Aufgeschlossenheit" und „Frauenfreundlichkeit" dadurch, dass sie Frauen als Arbeitnehmerinnen befürworten, weil diese eben weibliche Qualitäten mitbrächten, wie das Auge fürs Detail und Schöne, ein Bedürfnis, den Kunden zu bedienen und glücklich zu machen mit Bauchgefühl und Takt, Soft Skills. So werden Frauen dann auch gerne im Kontakt mit Kunden eingesetzt, während die Männer die sachlichen, rationalen Entscheidungen im Hintergrund treffen „müssen", die sich nicht mit dem Gefühl, sondern mit dem Verstand klären lassen.

Die Frage, ob und wie die vermeintlich weiblichen Qualitäten als Stärke oder Schwäche ausgelegt werden, ist interessant – so wird die Passivität etwa zur Fähigkeit, sich auf andere einzulassen, oder die Bevormundung und Abhängigkeit vom starken Geschlecht zum Empfangen und zur Fürsorge, ebenso wie die auffällige Zuschreibung von kindlichen Attributen wie Spielfreude, Neugier, Launenhaftigkeit und unbeherrschte Emotionalität.

Genau wie der Umstand, dass wenige Betriebe oder Unternehmen sich als männerfreundlichen Arbeitsplatz rühmen, finden wir bei der Zuschreibung von männlichen Attributen wenig kindliche Qualitäten, die den Mann verniedlichen oder in seiner Form als erwachsener Mensch abwerten und in eine bedürftige Position bringen.

Das Bild des Kindes im Manne ist zwar allgemein akzeptiert, bedeutet aber nicht, dass der Mann deshalb weniger Macht oder finanzielle Verantwortung bekommt, sondern rechtfertigt nur, dass er umsorgt werden muss.

Das Zweigeschlechter-Konstrukt und seine Auswirkungen

Die Einteilung von psychischen Eigenschaften in männlich und weiblich ist ein vergleichsweise modernes Konstrukt aus dem 18. Jahrhundert, das auch mit dem Herausstreichen einer geschlechtlichen Zweiteilung einhergeht. Karin Hausen thematisiert diesen Wandel in ihrem Aufsatz „Die Polarisierung der Geschlechtercharaktere" und zeigt auf, dass bis ins 18. Jahrhundert im europäischen Raum die Vorstellung eines Eingeschlechtermodells verbreitet war: Die Menschen glaubten, Mann und Frau hätten das gleiche Geschlecht, beim Mann nach außen, bei der Frau nach innen gerichtet. Geschlechtswandlungen waren akzeptiert, die Frau galt als weniger vollkommene Ausführung des gleichen Geschlechts.

Die Rolle der Frau war im „Ganzen Haus" mit Familie, Gesinde und Arbeit und Leben unter einem Dach vor allem durch den Stand definiert, weniger durch die dem Geschlecht zugeordneten Eigenschaften. Aufklärung und Humanismus sowie revolutionäre Bewegungen führten zum Aufbrechen der Ständegesellschaft, das Individuum trat in den Interessenmittelpunkt, die bestehende Auffassung von Welt und Theologie wurden in Frage gestellt. Um eine klassische bürgerliche Kernfamilienstruktur und somit eine neue Ordnung zu etablieren, wurde der Familie eine zentrale Rolle zugeschrieben. Um die Frau an das Haus zu binden und von der Außenwelt, in der nun Kultur und Arbeit vornehmlich stattfanden, fernzuhalten und dies zu legitimieren, etablierte sich das Modell der Zweigeschlechtlichkeit: Frauen wurden aufgrund ihrer Fähigkeit, Kinder zu gebären, bestimmte Eigenschaften zugeschrieben, die denen des Mannes konträr gegenüber standen und die sie als sittsames, passives, empfängliches und häusliches Wesen zeichneten, das für die raue Außenwelt nicht geschaffen ist und dem Mann in den eigenen vier Wänden einen erholsamen Hafen von der feindlichen Welt „da draußen" schaffen sollte.

Viele Zuschreibungen aus dieser Zeit sind bis heute erhalten geblieben, während andere „aus der Mode" gerieten oder nicht mehr aktuell waren, da die Frau nun geschichtlich bedingt auch für andere Tätigkeiten benötigt wurde und dies wieder einer Legitimation bedurfte, die durch eine entsprechende Rollenzuschreibung geschaffen wurde.

Die Vergleiche der aktuellen Situation mit Konstrukten aus anderen Zeiten und auch das Nachvollziehen der Entstehungsgeschichte helfen dabei, sich der bestehenden Pluralität an Ideen und Vorstellungen zu nähern. Dadurch bekommst du die Möglichkeit, die jetzigen Zustände nicht einfach als Gegebenheiten zu sehen und die eigene Position zu hinterfragen. Du kannst von deinem eigenen Standpunkt ein Stück weit abrücken und aus verschiedenen Blickwinkeln auf die Situation schauen, eine neue Sicht auf die Dinge gewinnen. Das Einnehmen dieser Blickwinkel kann dich dabei unterstützen, die aktuell in der Gesellschaft verankerten Rollenbilder besser zu verstehen, ebenso wie die von dir internalisierten Muster.

Wenn wir in den Medien mal wieder damit konfrontiert werden, dass wir den Ursprung unserer weiblichen Qualitäten verloren hätten und genau deshalb in eine Dysbalance geraten sind, dann beschleicht viele von uns ein ungutes Gefühl. Niemand möchte den Zugang zu sich selbst verlieren, niemand möchte hören, dass eine Dysbalance die Folge des eigenen Handelns ist.

Aber was, wenn wir uns mit den aktuellen Rollenbildern eben nicht voll identifizieren können? Wenn wir keine Mädchen-Mädchen sind, den Stereotypen nicht entsprechen, die Klischees uns schon in unserer Kindheit belastet haben? Wenn wir nicht so sein wollen wie unsere Mütter? Was, wenn wir uns von den Vorgaben eingeengt fühlen und bei uns ganz andere Qualitäten feststellen – und uns eigentlich damit auch vollkommen okay finden?

Sind wir dann weniger weiblich? Müssen wir um jeden Preis passiv, sanft und empfänglich sein, ganz gleich, ob es unserem Naturell und der aktuellen Situation entspricht?

Mit der Ablehnung unserer ureigenen Persönlichkeit im verzweifelten Versuch, einem weiblichen Ideal zu entsprechen, erleben wir eine Entfremdung von uns selbst, ein dauerhaftes Verstellen. Für viele von uns beginnt dies bereits in der frühen Kindheit, wenn Erzieher oder der alte Onkel oder die Nachbarin uns mitgeben, dass ein braves Mädchen dies und das doch nicht macht.

Im Teeniealter wird dann die absolute Verbalkeule rausgeholt: „So wird dich aber kein Junge gut finden!", dicht gefolgt vom „So wirst du aber keinen Mann halten."

Selbst wenn das gar nicht unser Ziel ist und wir ganz andere Vorstellungen von unserem Leben und unserer Weiblichkeit haben, spüren wir den Druck von außen, uns in diese allgemein gültige Schablone der vermeintlichen Weiblichkeit pressen lassen zu müssen. Dies erscheint für viele von uns dringend notwendig, um in der Gesellschaft akzeptiert zu werden.

Dabei erleben wir ein beständiges Scheitern bei dem Versuch der Gratwanderung zwischen dem, was als männlich gilt und was als weiblich gilt. Wir sollen feminin sein und weiblich, um gemocht und begehrt zu werden, aber bitte nicht zu weiblich, denn: „dann wird es schnell nervig". Im Job sollen wir uns bitte nicht als Mannsweib zeigen, aber doch nicht zu weich und weibisch sein.

Angeblich ist der Unterschied zwischen den Geschlechtern gerade im Arbeitsleben nämlich sehr groß und wir sehen uns stetig der Aufgabe gegenüber, uns so zu positionieren, dass wir von den Verantwortlichen akzeptiert werden.

Tuulia Ortner weist in „Frauen wollen ja gar nicht in Führungspositionen" darauf hin, dass die tatsächlichen Fähigkeiten von Frauen und Männern sich in der Regel gar nicht so sehr unterscheiden. Sie werden aber von der Gesellschaft unterschiedlich bewertet und interpretiert. Zudem wirken neben Stereotypen auch unterbewusst wahrgenommene weibliche Attribute, die es den Frauen bedeutend erschweren, in männlich geprägten Zusammenkünften anerkannt und angenommen zu werden. So werden eine tiefe Stimme und eine eindrucksvolle Körpergröße in unserer Gesellschaft unterbewusst mit Kompetenz und Autorität assoziiert. Frauen weisen in der Regel aber andere Körpermerkmale auf.

Spricht eine Frau bei einer Vorstandssitzung, nehmen die Teilnehmenden diese anderen Attribute wahr, wie eine geringere Körpergröße und eine höhere Stimme. Somit wird der Frau zunächst weniger Kompetenz und Autorität zugestanden. Übrigens: Ist eine Gruppe länger zusammen, relativiert sich diese Annahme nachhaltig; aber in neuen Zusammenkünften und Gruppen auf dem Weg die Karriereleiter hinauf oder beim Treffen mit Klienten und Kunden muss sich eine Frau immer wieder neu beweisen. Es gibt mittlerweile diverse Sprachtrainings, die Frauen dabei unterstützen sollen, eine tiefere Sprechstimme zu bekommen, um in der Berufswelt ernster genommen zu werden.

Wird also erwartet, dass die Hälfte der Bevölkerung sich der anderen anpasst, um beruflich ernst genommen zu werden, statt einfach zu akzeptieren, dass weibliche Erwachsene selten so durch den Stimmbruch gehen wie männliche Erwachsene und daher einfach eine höhere Sprechstimme haben?

Gleiche Rechte statt Gleichmacherei

Der Schrei nach Gleichberechtigung statt Gleichmacherei oder Ignorieren von Unterschieden, der gerne von Ablehnern der Frauenquote oder des Feminismus allgemein ausgerufen wird, kann hier gleich hinzugezogen werden. Denn genau anhand dieses Beispiels ist klar, dass es Frauen, die in ihrer Weiblichkeit gesehen und anerkannt werden wollen, eben nicht um das Ignorieren der Unterschiede oder der Gleichmacherei geht (wie sie beispielsweise in der Berufswelt durch das Sprechtraining, das

Tragen von den männlichen Kleidungsstücken nachgeahmten Hosenanzügen oder das Kopieren von männlichen Führungspersönlichkeiten annähernd erreicht werden soll), sondern um das Leben entsprechend der eigenen Qualitäten und Möglichkeiten.

Die ganz eigene, persönliche Weiblichkeit entdecken und leben dürfen, trotzdem berufliche Erfolge verbuchen und sich als begehrenswerte Persönlichkeit fühlen können und dabei nicht über körperliche Eigenheiten wie den weiblichen Zyklus hinweggehen müssen – all das sind Aspekte, die bei einer frei gelebten Weiblichkeit möglich sein sollten und die keineswegs auf Gleichmacherei aus sind.

Es gibt natürlich nicht nur einen Grund dafür, dass dies aktuell noch nicht so ist; bei einem so komplexen Thema muss immer im Hinterkopf behalten werden, dass es nie darum geht, eine Spaltung vorzunehmen zwischen Männlein und Weiblein und diesen unveränderliche Positionen zuzuschreiben.

Es geht keinesfalls darum, die Menschheit in zwei Gruppen aufzuteilen und eine Opferrolle einzunehmen, in der alle Männer die bösen Unterdrücker und alle Frauen die armen Unterdrückten sind. Zum einen wissen wir heutzutage, dass die binäre Geschlechtereinteilung ohnehin überholt ist, zum anderen gibt es zahlreiche Männer, die sich für die Gleichberechtigung der Frau einsetzen und engagieren und durchaus auch frauenfeindliche Frauen, die aufgrund internalisiertem Sexismus oder alten kollektiven Verletzungen, vielleicht auch aus Bequemlichkeit, gar nichts an der Ungleichbehandlung verändern möchten.

Frauen sind auch keine armen hilflosen Hascherl, denen einfach alles passiert und angetan wird. Dennoch muss berücksichtigt werden, dass Punkte wie der eben schon erwähnte übernommene und internalisierte Sexismus, ein von klein auf antrainiertes Schamgefühl oder alte kollektive Wunden, die wir mit allen Frauen, die vor uns kamen, teilen, nicht einfach wegzudenken sind. Rationalität hat ihre Grenzen.

Wir alle kennen Momente, in denen wir um unsere Rechte und Möglichkeiten wissen und trotzdem nicht die Kraft oder den Mut aufbringen, dafür einzustehen – weil wir uns vor dem Gegenwind fürchten, vor den Repressalien der Gesellschaft, die von Zuschreibungen (Was für eine Emanze) über Bewertungen (machtgeil und verbissen) bis hin zu Beleidigungen und Übergriffen (Die muss doch nur mal wieder ordentlich flachgelegt werden, dann wird sie wieder sanftmütig) reichen können.

Wissen wir darum, dass die zweigeschlechtliche Sichtweise auf den Menschen noch vergleichsweise jung ist und auch die Zuschreibungen, was denn nun typisch männlich oder weiblich ist, sich immer wieder ändern, dann haben wir immerhin im Hinterkopf das beruhigende Wissen, dass nichts in Stein gemeißelt oder vorgegeben ist. Zuschreibungen können sich verändern. Und wir können aktiv daran mitwirken, dass sie sich verändern.

Wir dürfen uns unbeschreiblich weiblich fühlen, auch wenn wir nicht mit den als typisch weiblich gesehenen Qualitäten punkten können oder wollen. Wir dürfen bestimmt und selbstbewusst auftreten, laut sein und eine klare Sprache sprechen.

Genauso dürfen wir anschmiegsam, sanft und empfänglich sein – denn es ist nicht unsere Aufgabe, uns permanent anzupassen an das, was die Gesellschaft für die jeweiligen Geschlechter in der jeweiligen Situation für akzeptabel hält.

Wir müssen uns nicht zwischen zwei Polen entscheiden. Wir dürfen alle Aspekte unseres Seins annehmen, uns ausprobieren und uns auch verändern, wenn uns danach ist.

Vielleicht hattest du auch einmal eine Phase, in der du lieber ein Junge gewesen wärst – nicht, weil du dich wie einer gefühlt hättest, sondern weil das Leben der Jungen von außen einfach leichter aussah, sie mehr durften, sie mehr Möglichkeiten und Rechte hatten. Um diese Rechte und Freiheiten genießen zu können, verbieten sich manche Frauen bestimmte Anteile ihrer selbst, damit sie bloß nicht zu „mädchenhaft", „bedürftig" oder „zart" wirken und sie weiterhin ernst genommen werden.

Aber dieses Einschränken ist nicht gesund – schließlich sind diese Seiten auch Teile von dir und sie wollen gelebt werden. Wir dürfen selbst entscheiden, wie unser Frausein aussehen soll und können unsere ganz eigene Interpretation von Weiblichkeit entwickeln und leben – und es genießen!

Wenn du dieses Thema noch etwas vertiefen magst, stelle dir folgende Fragen:

- Denkst du, es gibt typisch männliche und weibliche Charaktereigenschaften?
- Wenn ja, welche sind das?
- Glaubst du, diese sind ein Produkt der Erziehung oder sind sie biologisch bedingt?
- Welche Botschaften dazu hast du als kleines Mädchen und als Frau bekommen?
- Wie wurde und wird in deiner Familie und in deinem Umfeld mit Mädchen und Frauen umgegangen, die nicht dem Stereotyp entsprechen?
- Gibt es für Mädchen eine Phase des Ausprobierens, aber wird dann erwartet, dass sie sich wieder auf „weibliche Tugenden" besinnen?
- Denkst du, du darfst alle deine Seiten leben?
- Fühlst du dich komisch, wenn du Attribute an dir zeigst, die als maskulin gelten?
- Fühlst du dich von diesen Einteilungen eingeschränkt oder geben sie dir Sicherheit?
- Hat sich deine Einstellung dazu über die Jahre geändert?
- Falls ja, was war der Auslöser?

Kapitel 3:
Was bedeutet „Frausein" für dich?

Wie du bereits im vorangegangenen Kapitel gesehen hast, sind die Vorstellungen, was in einer Gesellschaft mit weiblichen und männlichen Eigenschaften verbunden wird, von ganz unterschiedlichen Faktoren abhängig und keineswegs so in Stein gemeißelt, wie uns das mitunter erscheinen mag. Geschichtliche Großereignisse, der Wandel des Menschenbildes, das Abwenden von bisher gültigen Normen und Herrschaftsformen und auch die wirtschaftliche Entwicklung eines Landes können ausschlaggebend für Veränderungen sein.

In der Wissenschaft wird zudem zwischen weiblichen und männlichen Gesellschaften unterschieden. Geert Hofstede führt bei seiner Theorie der unterschiedlichen Kulturdimensionen die soziokulturelle Kategorie maskuline Kulturen und feminine Kulturen ein: Während beispielsweise in Norwegen und Schweden eine feminine Kultur vorherrscht, in der Care-Aufgaben und bezahlte Arbeit annähernd gleich zwischen den Geschlechtern aufgeteilt werden und diese Aufteilung auch gesellschaftlich erwartet wird, ist die in Deutschland existierende Kultur eher als maskulin bezeichnet. Hierbei erfolgt die Verteilung der Rollen anhand des Geschlechts und die bezahlte Arbeit fällt eher dem Mann zu, während die Frau unbezahlte Care- und Hausarbeiten erledigt.

Je nach Land, Kultur, Religion, Epoche und Staatsform, kann das, was in einer Gesellschaft als typisch weiblich gilt, also ganz unterschiedlich aussehen. Wir werden von frühester Kindheit an mit den Ideen und Erwartungen, die in unserem Umfeld, in unserer Kultur Bestand haben, konfrontiert und an ihnen gemessen. Wir entwickeln unsere eigenen Vorstellungen immer im Abgleich mit dem, was uns als vermeintliche Norm vorgegeben wird.

Wie wäre es allerdings, wenn du ganz für dich allein definieren könntest, was Weiblichkeit, was das Frausein für dich bedeuten kann – welche besonderen Qualitäten und Eigenschaften würdest du dem Frausein zuschreiben?

Betrachten wir die Frauenrollen im Wandel der Zeit, sehen wir, dass Zuschreibungen in patriarchalischen Gesellschaften meist ganz anders aussahen als beispielsweise in femininen Kulturen oder in dem Matriarchat zugeordneten Gesellschaften. Beim Patriarchat wird den männlichen Mitgliedern der Gruppe eine bevorzugte Position innerhalb der eigenen Familie, aber auch der Gesellschaft allgemein zugeschrieben, die sich sowohl auf die finanzielle, die berufliche als auch die soziale Stellung erstreckt. Erbe und Macht werden in der männlichen Linie weitergegeben, Frauen bleiben bei dieser Regelung außen vor. Bis zum Ende des 19. Jahrhunderts wurde dieser Vorgang biologisch gerechtfertigt: So wurde die körperliche Unterlegenheit gegenüber dem Mann auch auf charakterliche und kognitive Fähigkeiten übertragen und der Frau eine Schwäche auf diesen Gebieten zugeschrieben, sodass sie der Führung durch den Mann bedarf.

Sich selbst finden in einer männlich dominierten Welt

Der Verweis auf biologische Unterschiede wird bis heute dazu genutzt, um Frauen von bestimmten Bereichen und Aufgaben innerhalb der Gesellschaft auszuschließen, weil der Mann als Maßstab des Menschen genutzt wird. Dieser Umstand wird auch dann beibehalten, wenn Frauen dabei nachweislich zu Schaden kommen: So sind, wie eingangs erwähnt, viele Gebrauchsgegenstände des Alltags auf Männerkörper ausgelegt, sodass Frauen beispielsweise bei einem Verkehrsunfall im Auto ein viel höheres Risiko haben, tödlich zu verunglücken. Das Verletzungsrisiko einer Frau als Fahrerin ist sogar fast doppelt so hoch als das des Mannes, weil der Durchschnittsmann als Maß genommen wird. In puncto Forschung wird der Gender Data Gap besonders deutlich, weil das weibliche Geschlecht immer noch als Abweichung der Norm gesehen wird und beispielsweise zu frauenspezifischen Krankheiten weniger geforscht wird: So werden zu PMS (Prämenstruelles Syndrom) fünfmal weniger Forschungsprojekte durchgeführt als zum Thema Erektionsstörungen. Die Herzinfarktforschung konzentriert sich immer noch vielfach auf Männer und selbst die Klimaanlagen sind auf Menschen mit mehr Testosteron, also Männer, eingestellt.

In vielen Gesellschaften und Religionssystemen gelten Frauen als unrein, wenn sie ihre Periode haben. Sie dürfen nicht an religiösen Veranstaltungen teilnehmen oder werden allgemein vom sozialen Leben ausgeschlossen. Ein Besuch von Schule oder Arbeitsplatz ist dann ebenfalls untersagt. Leben Frauen in finanziell prekären Verhältnissen, können sie mitunter auch deswegen nicht ihrem normalen Alltag nachgehen, weil sie keinen Zugriff auf Hygieneartikel haben oder sich diese nicht leisten können.

Geschichtlich wurde durch die zweigeschlechtliche Aufteilung im 18. und 19. Jahrhundert die Frau zum „Anderen", zum „Sonderfall", während der Mann als typischer Mensch angesehen wurde. Der Frauenkörper wurde nur im Vergleich zum Männerkörper gesehen und somit als schwächer und minderwertiger einsortiert. Auch die Menstruation wurde nun eher als leidvolles Übel angesehen, das sogar schädlich für den Mann sein könne, wenn er in dieser Phase sexuell mit der Frau verkehren würde. Zeitweise hielt sich sogar die Vorstellung, das Menstruationsblut enthalte toxische Stoffe.

„Das ist mein Weg..."

Die Sichtweise, die sich seit Jahrtausenden hält – bereits Aristoteles soll vermittelt haben, dass die Periode ein Fehler des weiblichen Organismus sei – übermittelt direkt oder auch indirekt, dass das Frausein mit all seinen Ausprägungen und Facetten etwas ist, für das die Frau sich zu schämen hat. Es lässt sich nicht einfach ablegen. Wir kennen alle die Szene in den lustigen Frauenfilmen, in denen der Protagonistin der Tampon aus der Handtasche fällt und allen klar ist, dass das jetzt ein super peinlicher Moment sein soll.

Ebenso können wir die Welt, in der wir leben, nicht einfach von heute auf morgen an eine als divers wahrgenommene Gesellschaft anpassen. Noch einmal: Die Welt ist von Männern für Männer gemacht. Daraus entstehende Verhaltensmuster, für die Frauen dann wieder in der Gesellschaft mit leichtem Spott bedacht werden. Wir erinnern uns: Müde, Pipi, kalt – so sind kleine Mädchen/Frauen halt?

Ja, viele Frauen frieren im Zug schneller, weil die Klimaanlage auf den männlichen Organismus eingestellt ist.

Ja, Frauen stehen vor der Damentoilette an, weil zwar genauso viele Kabinen zur Verfügung stehen wie in der Herrentoilette, aber eben keine zusätzlichen Urinale. Zudem müssen Frauen neben dem Toilettengang möglicherweise auch noch andere Dinge erledigen, wie Hygieneprodukte wechseln, kleine Kinder wickeln oder zur Toilette bringen oder hilfsbedürftige Menschen begleiten.

Müde, ja, von der Mehrfachbelastung, von der Periode, der Schwangerschaft.

Aber internalisierter Sexismus macht es uns schwer, dadurch entstehende Schamgefühle als unnötig zu erkennen. Wir leben in einer von Männern gemachten Wirklichkeit, in der die meisten Entscheidungen, was Macht, Konsum, Kultur, Finanzen und auch die als typisch weiblich betitelten Bereiche wie Ausbildung und Erziehung betrifft, von Männern für Männer gefällt werden. Auch in der Forschung ist der Mann die Norm, der Standardmensch. Die Frau ist der Sonderfall, die Abweichung.

Kollektive Wunden und Fehlinformationen

Diese Sichtweise ist allgegenwärtig und reiht sich ein zu den vielen alten kollektiven Wunden, die Frauen im Laufe der Zeit erlitten haben.

Sexuelle Übergriffe spielen hier auch eine sehr tragende Rolle und sind einer der Gründe, warum viele Frauen das Gefühl haben, ihre Weiblichkeit nicht in allen Aspekten frei leben zu können. Zu groß ist die Angst, Opfer eines sexuellen Übergriffs zu werden. Zu groß ist die Angst, Opfer einer Verurteilung zu werden, weil die sexuelle Gleichstellung noch längst nicht erfolgt ist und eine sexuell aktive Frau sich einer bis heute anhaltenden Doppelmoral ausgesetzt sieht: Während der Mann der Eroberer ist, der sich die Hörner abstoßen muss und in seiner Männlichkeit durch viele sexuelle Kontakte bestärkt wird, ist eine Frau mit dem gleichen Verhalten billig, ein Flittchen, sie verliert an Wert und kann froh sein, wenn sie so noch ein Mann nimmt.

Der Umstand, dass über die weibliche Sexualität immer noch wenig bekannt ist und die Forschung sich auch hier wieder mehr auf den Mann konzentriert, führt dazu, dass Frauen bei Problemen in diesem Bereich weniger Hilfe erfahren. Konkrete Hilfe gibt es eher dann, wenn es um die Reproduktionsfähigkeit und den Erhalt dieser geht, also darum, die Frau wieder als nährende Versorgerin zu bestärken.

Frauen, die Probleme mit der Periode haben, oder über weniger Wissen bezüglich der eigenen Körpervorgänge verfügen, zeigen sich sexuell meist weniger selbstbestimmt und können daher diesen Part ihrer Weiblichkeit auch nicht unbeschwert ausleben.

Dazu halten sich Mythen wie der des Jungfernhäutchens, welches beim 1. Geschlechtsverkehr reißt. Stand der heutigen Forschung ist, dass es kein den Eingang der Vagina verschließendes Jungfernhäutchen gibt, das beim 1. Geschlechtsverkehr reißt, sondern das Hymen eine Schleimhaut ist, die sich am Scheideneingang befindet und je nach Körper ringförmig, fransig oder auch siebartig aussehen kann und nicht zwingend beim Sexualverkehr beschädigt wird. Trotzdem halten sich die Ansichten, dass anhand des Zustandes jenes „Jungfernhäutchens" ablesbar wäre, ob eine Frau Sex gehabt hätte bis heute und verunsichern heranwachsende Mädchen, aber auch Frauen, welche diese durch Schule und Allgemeinwissen verbreitenden Informationen für bare Münze nehmen oder keinen Zugang zu alternativen Wissensquellen haben.

Während des Heranwachsens, spätestens in der Pubertät, werden die Mädchen auch in gemischten Schulklassen mal zur Seite genommen und darüber informiert, wie sie sich am besten vor sexuellen Übergriffen schützen können. Je nachdem, wie aufgeklärt und engagiert die beratende Person ist, reichen die Empfehlungen von „keinen Alkohol trinken", „keine kurzen Röcke tragen", „im Dunkeln nicht rausgehen", „niemals allein unterwegs sein" bis hin zu „niemandem trauen!". Wir erleben also, dass es in unserer Verantwortung liegt, nicht Opfer zu werden, während den Jungen wiederum keine Aufklärung oder Verantwortung zugemutet wird.

Der Umstand, dass in den europäischen Ländern 98 Prozent der Vergewaltigungen von Menschen männlichen Geschlechts begangen werden, sollte doch zur Folge haben, dass diese darüber aufgeklärt werden, wie sie sich davor schützen können, Täter zu werden, so wie Mädchen und Frauen permanent in der Verantwortung gehalten werden, nicht zum Opfer zu werden.

Die Fragen: „Was hatte sie denn an?" oder „Wieso war sie denn im Dunkeln auch alleine draußen?" sind immer noch Realität und führen dazu, dass wir uns mehrfach überlegen, ob wir unserem Wunsch, uns für uns hübsch zu machen oder einen schönen Nachtspaziergang zu unternehmen, weil die Luft so mild ist und der Mond so schön scheint, folgen wollen und dürfen.

Wie soll man bei all der Scham, den Fehlinformationen und den unterschiedlichen Ansprüchen wirklich wissen, was die eigene Definition von Weiblichkeit ist? Wie soll man einen Zugang dazu finden und sie als etwas Schönes, gar Begehrenswertes oder

Angenehmes wahrnehmen und nicht als etwas Lästiges, Minderwertiges, etwas, das einen nur benachteiligt oder sogar in Gefahr bringen kann? Wie kann man seinen eigenen Platz finden und seine eigenen Regeln aufstellen? Was macht das mit einem, wenn man immer wieder durch Film, Fernsehen und soziale Medien Botschaften bekommt, wie die perfekte Frau zu sein hat? Und wie kann man sich mit diesem Frauenbild identifizieren, wenn es doch größtenteils von dem Durchschnitt der weiblichen Bevölkerung abweicht?

Dadurch, dass du scheinbar nicht ins weibliche Bild passt, wenn du dies oder das tust, so oder so aussiehst, diese Wünsche oder jene Ideen hast, diesen Beruf ausübst, keine Kinder bekommen möchtest oder kein Interesse daran hast, deine gesamte Zeit für die Optimierung deines Äußeren aufzubringen, kannst du dich mitunter sehr verloren fühlen oder es schwer finden, Identifikationsfiguren zu finden.

Mache dir bewusst, dass jemand, der einen Großteil seiner Zeit damit verbringt, sich an irgendwelchen vermeintlichen Standards abzuarbeiten, nicht wirklich viel Zeit hat, sich anderweitig auszuleben. Du hast keine Zeit, dich in politische Belange einzumischen, dich auf deine Weiterbildung zu konzentrieren und zu relaxen, wenn du den aktuellen Ansprüchen der Außenwelt genügen willst. Zudem ändern sich die Ansprüche an dich ja konstant. So wurde belegt, dass Frauen, die beruflich aufsteigen und Macht und Entscheidungskraft ausleben können, immer mehr dem aktuellen Schönheitsideal ihrer Kultur entsprechen müssen. Ansonsten werden sie verhöhnt oder ihre Kompetenz wird ihnen aberkannt – sie gelten dann als nicht diszipliniert genug, muttihaft oder altbacken, nachlässig oder als Mannsweib.

Julia Korbik macht in ihrem Buch Stand Up auf das Paradox aufmerksam, dass eine Frau, wenn sie dann endlich optisch diesem Ideal entspricht, aber trotzdem weiter der Kritik ausgesetzt ist. Dann wird sie nämlich leicht mit Vorwürfen konfrontiert, sie hätte ihre Position nur aufgrund ihres äußeren Erscheinungsbildes zugesprochen bekommen und nicht aufgrund ihrer Fähigkeiten und Fertigkeiten und ihrer harten Arbeit. Sehr interessant bei dieser Betrachtungsweise: Die Frau kann nicht nur nicht gewinnen; sollte sie durch ihr Äußeres Vorteile gehabt haben, wird ihr die Verantwortung dafür zugeschrieben und nicht den Personen, die die Personalentscheidungen getroffen haben.

Sich unter solchen Bedingungen von gesellschaftlichen Erwartungen zu befreien und aktiv für die eigene Weiblichkeit einzustehen, seine eigenen Grenzen zu erkennen und zu wahren, um so einem Burnout vorzubeugen und sich ein wunderschönes Leben zu schaffen, ist eine Herausforderung – die du aber annehmen kannst, wenn du bereit bist, hinter die alten Rollenbilder und Klischees zu schauen und ehrlich mit dir selbst zu sein.

Wie ist das bei dir?

- Hast du bereits einen guten Zugang zu deiner eigenen Weiblichkeit?
- Kannst du klar benennen, was für dich Weiblichkeit ausmacht?
- Ist dies für dich etwas Erstrebenswertes oder erlebst du eher, dass es ein Nachteil ist, zum weiblichen Teil der Gesellschaft zu gehören?
- Hast du vermittelt bekommen, dass Teile deines weiblichen Körpers falsch, weil eben nicht männlich, sind?
- Wie wurdest du über die Periode und weiblichen Sex informiert?
- Wurde in deiner Familie darüber gesprochen?
- Sprichst du selbst darüber?
- Darf eine Frau sexuell genauso aktiv sein wie ein Mann?
- Ist die monatliche Blutung etwas, was für dich mit Scham besetzt ist?

Noch gar nicht so lange her...

Wichtig ist auch, sich klar zu machen, dass viele Fehlinformationen noch heute in Schule und Studium gelehrt werden und somit weiter Teil unserer Lebenswelt sind (Thema Hymen).

Zudem sind viele Errungenschaften für Frauen noch gar nicht so lange Bestandteil des Alltags. 1919 erhielten die Frauen in der Weimarer Republik zwar das Wahlrecht; dieses wurde aber im Nationalsozialismus bereits wieder drastisch eingeschränkt, ebenso wie die Möglichkeiten, eine höhere Schulbildung oder ein Studium zu absolvieren. Bis 1958 mussten Frauen in Westdeutschland ihren Mann fragen, ob sie einen Führerschein machen durften. Bis 1976 musste eine Frau nach der Hochzeit zwingend den Namen ihres Mannes annehmen; konnten sich die beiden Ehepartner nicht einigen, wurde bis 1994 der Name des Mannes als Familienname bestimmt. Bis 1977 war die Ehefrau rein rechtlich zur Haushaltsführung verpflichtet. Der Ehegatte konnte sich also auf das Ehe- und Familiengesetz berufen, wenn er den Haushalt zu 100 Prozent der Frau überlassen wollte. Ebenfalls bis 1977 musste die Frau auf Wunsch des Gatten ohne Bezahlung in dessen Geschäft arbeiten. Ließ sich eine Frau scheiden, war sie die Schuldige und durfte keinen Unterhalt durch ihren Mann oder das Sorgerecht für die gemeinsamen Kinder erwarten – auch wenn ihr Mann sie während der Ehe misshandelt oder betrogen hatte und dies zum Bruch der Ehe geführt hatte. Bis 1997 galt nur der außereheliche Beischlaf als Vergewaltigung. Erst dann wurde im Bundestag über die Strafbarkeit von Vergewaltigung in der Ehe abgestimmt.

Wer sich diese Fakten bewusst macht, kann erkennen, warum viele frauenfeindliche Strukturen bis heute noch Bestand haben und das Denken und Handeln der Menschen um einen herum, aber auch von einem selbst beeinflussen. Viele Menschen sind in einer Welt groß geworden, in der Frauen noch ganz andere Bedingungen vorgefunden haben, per Gesetz abgewertet oder in prekäre Situationen gebracht wurden. Frauen konnten nicht eigenständig entscheiden. Sie waren in vielen Bereichen abhängig von dem Wohlwollen der Männer in ihrem Leben, zunächst vom Vater, dann von dem Ehepartner.

Diese Grundbedingungen finden sich heute noch in vielen Teilen der Welt und auch in unserer Gesellschaft merken wir in der älteren Generation noch die Auswirkungen davon. Nur weil sich ein Gesetz geändert hat, hat sich die Einstellung in den Köpfen nicht zwingend ebenso gewandelt.

Genau deswegen ist es so wichtig, sich eine eigene Meinung zu bilden, sich zu informieren und aktuelle Umstände nicht als gegeben hinzunehmen, sondern immer wieder zu hinterfragen – aber immer im Hinblick darauf, dass die Geschichte nicht nur die Gesellschaft, sondern auch einen selbst geprägt hat und es immer wieder Aufmerksamkeit und Kraft fordert, sich neu zu positionieren und seinen eigenen Weg zu finden.

Daher ist es auch so wichtig, dass du auf dem Weg zu deiner eigenen Weiblichkeit gut für dich sorgst. Das Auseinandersetzen mit bestimmten Themen kann sehr emotional und mitunter auch anstrengend sein. Achte daher gut auf dich und auf deinen Energiehaushalt. Es geht nicht darum, die Welt aus den Angeln zu heben und von heute auf morgen alles anders zu machen. Veränderungen brauchen Zeit und diese solltest du dir geben.

Manches Mal wirst du vielleicht frustriert ob der Umstände sein oder dich selbst dafür verurteilen, wie du dich nur so oder so verhalten konntest, warum du dich in Situation x nicht gewehrt hast oder dies und das mit dir hast machen lassen. Diese Gefühlsregungen sind verständlich, aber bitte versteife dich nicht darauf, sondern versuche, eine wertschätzende Position einzunehmen. Genau jetzt hast du dich auf den Weg gemacht, etwas zu verändern. Dein vorheriges Verhalten sagt nichts darüber aus, was du jetzt bewerkstelligen wirst. Vielleicht fühlt es sich ungewohnt an, altbekannte Pfade zu verlassen, gegen Traditionen anzugehen oder alte Überzeugungen loszulassen.

Das ist vollkommen in Ordnung. Selbst wenn sich etwas nicht gut angefühlt hat, war es ein bekannter, beständiger Teil deines bisherigen Lebens und damit berechenbar und eine stabile Größe. Vielleicht war es auch schon so lange ein Part deines Alltags, dass es dir verlogen oder falsch vorkommt, jetzt dagegen anzugehen.

Du hast immer die Chance, etwas in deinem Leben zum Besseren zu verändern und du darfst dir selbst auch die Erlaubnis dazu erteilen, Altes hinter dir zu lassen und dich dem Neuen zu öffnen.

Kapitel 4:
Die eigene Weiblichkeit entdecken

Wie du in den vorangegangenen Kapiteln bereits erfahren konntest, ist es für eine Frau ziemlich schwierig, eine unvoreingenommene Position gegenüber Männlichkeit und Weiblichkeit einzunehmen und für sich überhaupt klar zu erkennen, welche Ideen rund um das Thema Weiblichkeit von ihr selbst kommen und welche Ideen übernommen wurden.

Diese Tatsache hindert dich aber keinesfalls daran, dich dem Thema mit frischem Blick zu nähern. Zum einen werden dir die neu gewonnenen Informationen dabei helfen, Dinge zu hinterfragen, zum anderen wird dadurch die Tür dazu geöffnet, dass du andere Sichtweisen einnehmen und annehmen kannst.

Wenn du deine eigene Weiblichkeit entdecken möchtest, ist das eine im höchsten Maße persönliche Angelegenheit – denn deine Form der Weiblichkeit ist einzigartig. Du bist ein Unikat und das, was für dich Weiblichkeit ausmacht, ist ganz allein deines.

Es ist sehr hilfreich, sich diesen Punkt immer wieder bewusst vor Augen zu führen, insbesondere dann, wenn du erst ganz frisch auf deiner Reise bist und es dir noch schwerfällt, Erwartungen und Zuschreibungen von Gesellschaft und Familie mit einem etwas kritischeren Auge oder einem gewissen Schmunzeln zu betrachten.

Jetzt geht es darum, dass du dich selbst kennenlernst mit all deinen wunderbaren Facetten. Das Erforschen ist ein Prozess, für den du dir Zeit nehmen und geben solltest und den du bis zu einem gewissen Grad auch schützen solltest.

Die eigene Einstellung zur Weiblichkeit an sich sowie zur eigentlichen Weiblichkeit herauszufinden, kann sehr schöne, befreiende und stärkende Momente mit sich bringen, aber auch mitunter betroffen machen oder mit schmerzlichen Erinnerungen verbunden sein. Es kann sein, dass du auf Widerspruch stößt, wenn du bereit bist, dich selbst kennenzulernen und wenn du damit beginnst, dich aus ungesunden Erwartungshaltungen zu lösen und nicht mehr dem entsprichst, was jemand anderes dir übergestülpt hatte.

Deine Weiblichkeit – etwas ganz Persönliches

Daher überlege für dich vorab, ob und wer von diesem Prozess erfahren soll. Wir leben aufgrund von Social Media in einer Gesellschaft des sogenannten Oversharings; es wird zu viel geteilt. Wer kennt es nicht? Im Überschwang der Gefühle, sei es nun Wut, Stolz oder Trauer, wurde etwas gepostet und nur zwei Stunden später wünschen wir uns, wir könnten das Ganze rückgängig machen.

Denn das, was wir online teilen, wird nicht nur gesehen. Es kann auch geteilt, gespeichert und verändert werden. Es bildet nur einen ganz kleinen Teil ab von dem, was uns wirklich ausmacht und kann leicht fehlinterpretiert werden.

Zudem lebt gerade Social Media davon, dass ein Austausch stattfindet. Dieser ist leider nur selten so produktiv und anregend, wie wir uns das gerne wünschen. Es haben sich regelrechte Hate-Kulturen im Netz entwickelt, die weit über die Anstandsregeln der Netiquette hinausgehen. Cybermobbing ist keine Seltenheit mehr und Seiten, die sich dem Empowerment von Frauen widmen, sind eine beliebte Zielscheibe.

Aber auch abseits solcher radikalen Menschen können unachtsame Kommentare dir in dieser Phase möglicherweise schaden oder dich verunsichern – etwa, wenn tausend Meinungen auf dich einprasseln, was denn nun weiblich ist und was nicht, wie du auszusehen und dich zu kleiden hast und so weiter.

Dabei ist es nicht einmal so, dass die Auffassung davon, was unter sexistische Äußerungen fallen könnte und was nicht, bei Männern und Frauen abweichen würde: Laut einer Studie der Bielefelder Universität gleichen sich die Antworten der Probanden beider Geschlechter in diesem Punkt, sodass davon auszugehen ist, dass in einer Gesellschaft durchaus ein unausgesprochener Konsens besteht, wie welche Äußerung einzuordnen ist. Geht es dann allerdings in die Praxis, ist eine Frau die Spielverderberin, diejenige, die keinen Spaß versteht, diejenige, die empfindlich ist.

Überlege dir daher bitte gut, ob du während deines Prozesses die Kraft und Nerven hast, dich mit eventuellem Dummfug von irgendwelchen Internet-Trollen auseinanderzusetzen oder ob du dazu neigst, dich von so etwas leicht verunsichern zu lassen. Sollte dies der Fall sein, kannst du diesen Part von dir für dich behalten. Macht es dich glücklich, diesen Teil deines Lebens zu teilen und stören dich ein paar dumme Kommentare nicht, dann kann das muntere Teilen vielleicht auch zu einigen anregenden Diskussionen führen oder du findest ein paar Schwestern im Geiste, wer weiß?

Im Netz gibt es zahlreiche Websites und Social-Media-Kanäle, die sich darauf spezialisiert haben, Frauen zu erklären, wie sie femininer, weiblicher oder hausfraulicher werden können. Mitunter reproduzieren diese Seiten aber althergebrachte Klischees oder stellen Behauptungen auf, die keinen wissenschaftlichen Beleg haben und einfach nur eine Wiederholung von traditionellen Rollenbildern darstellen.

Nicht selten wird das Ganze als Empowerment präsentiert, weil die Frau sich selbst dafür entscheidet. Die Frage ist nur: Entscheidet sie sich bewusst dafür, weil sie aus verschiedenen Rollen wählen kann oder weil gar nicht so viele Möglichkeiten zur Wahl stehen wie propagiert. Julia Korbik weißt in ihrem Buch Stand Up darauf hin, dass die Auffassung vertreten wird, dass der Lebensentwurf einer Frau in unserem neoliberalen Gesellschaftssystem allein in ihrer Hand läge, sie hätte ja nun alle Freiheiten und Möglichkeiten. Scheitert die Frau an ihrem Leben, wird sie den Erwartungen nicht gerecht, ist es allein ihr Verschulden. Dabei völlig ausgeklammert wird der Aspekt der bestehenden Strukturen, in denen die Frau sich bewegen muss und die, wie du bereits gelesen hast, nicht für die allerbesten Voraussetzungen sorgen, sondern ihr beim Umsetzen der eigenen Pläne immer wieder Steine vor die Füßen werfen, die so für Männer nicht existieren.

Da hinein spielt auch das sogenannte Empowertisement. Diese Wortkreation stammt von Andi Zeisler, die damit kritisch einen Wohlfühl-Feminismus hinterfragt, der nur darauf aus ist, als Accessoires oder Self-Care zu dienen, ohne allgemein etwas an bestehenden Strukturen zu verändern.

Bist du also im Netz unterwegs, während du dich deinen Themen näherst, hinterfrage immer genau, was dir wer warum vermitteln möchte, welche Botschaften dahinterstecken. Geht es darum, deine Weiblichkeit zu feiern oder einen Gegenpol zum Männlichen zu erschaffen und von diesem mehr gemocht zu werden? Geht es darum, dich mit all deinen Facetten anzunehmen oder werden dir zehn Wege gezeigt, wie du abnimmst (natürlich nur für ein Glow-Up, um das Beste aus dir rauszuholen) Geht es um dein Innerstes oder wird dir erklärt, wie du während deiner Tage weniger zickig bist, weil das ja nun echt eine Zumutung für deine Liebsten darstellt.

Sei achtsam mit dir und deinem Medienkonsum. Ein überlegter Medienkonsum, ganz gleich ob im Netz oder im realen Leben, sorgt dafür, dass du Präsentationen von Frauen und Weiblichkeit siehst, die eine liebevolle, ehrliche Weiblichkeit zelebrieren, statt zu influencen und dir das neueste Diätpulver, Zahnweißprodukt oder Fitnesstraining-Abo verkaufen möchten. In Film und Fernsehen dominiert oftmals der sogenannte male gaze, der männliche Blick, der Geschichten immer aus der Sicht eines heterosexuellen Mannes filmt und erzählt. Die aktive, selbstbestimmte Frau kommt im Durchschnittsfilm nicht vor, es sei denn sie wird als starke Frau inszeniert. Nur etwas mehr als 30 Prozent der Sprechrollen sind weiblich, nicht mal 15 Prozent aller Filme sind zu gleichen Teilen mit Männern und Frauen besetzt, die Frauen sind öfter leicht bekleidet oder nackt und wenn sie sprechen, dann sprechen sie nicht selten über Männer.

Bist du mitten in deinem Prozess, in dem du zu dir finden willst, lohnt es sich daher unbedingt, auf frauenfreundliche Produktionen zu setzen, um beim Finden des eigenen Zugangs nicht immer wieder mit alten Sichtweisen zugeschüttet zu werden.

Das heißt keinesfalls, dass du auf deine Abendunterhaltung verzichten sollst. Suche dir großartige Frauen als Vorbilder, die dich wirklich inspirieren und die dir auf deinem Weg weiterhelfen. Gönne dir frauenfreundliche Unterhaltung ohne dauerhaften male gaze, um dir die Möglichkeit zu geben, eine andere Perspektive einzunehmen.

Sensible Innenschau

Ilonka war in ihrem Auftreten immer sehr einfühlsam, sehr ruhig, sehr unauffällig. Sie bemühte sich nach Leibeskräften darum, dass es den Leuten um sie herum so gut ging wie nur irgend möglich und sie fühlte sich gut damit, wenn sich Gäste bei ihr wohlfühlten, Freundinnen bei ihr ihr Herz ausschütteten, weil sie so eine gute Zuhörerin war, oder ihr bei der Arbeit gesagt wurde, wie leicht es sich mit ihr arbeiten ließ. Sie galt als unkompliziert und beständig und als warm und gastfreundlich.

Als sie zum wiederholten Male eine heiß ersehnte Beförderung nicht erhalten hatte, begann ihr Frust zu wachsen. Bei der Weihnachtsfeier in der Firma hörte sie dann zufällig ein Gespräch zweier Kollegen, als sie in der Teeküche ein neues Tablett mit

Snacks vorbereitete. Diese sprachen von dem stillen Puttchen, das wohl doch etwas einfältig sei, aber dann sicherlich auch weiterhin damit zufrieden sein müsse, dass sie beruflich nicht aufsteigen würde. Aber das wäre ja auch gut für die Abteilung, schließlich würde sie immer so guten Kaffee machen und leckere Backwaren von zuhause mitbringen. Ilonka hatte das Gefühl, ihr würde der Boden unter den Füßen weggezogen werden und sie verbot sich von einem Tag auf den anderen ihre häuslichen Freuden. Sie versuchte, laut und bestimmt aufzutreten und über ihr Gespür für andere hinwegzugehen und einen für sie eigentlich nicht stimmigen Egoismus an den Tag zu legen.

Marianne hatte ein ähnlich einschneidendes Erlebnis. Sie war so erzogen worden, dass sie sich selbst die beste Freundin war und sie genoss ihre eigene Gesellschaft. Sie wusste, dass die anderen sie manchmal für etwas eigenbrötlerisch hielten, aber sie kam sowohl bei der Arbeit als auch in ihrem privaten Umfeld mit allen gut aus. Sie mochte sich richtig gern und hatte Freude daran, sich schöne Kleider anzuziehen, sich in gute Restaurants auszuführen oder tanzen zu gehen.

Bei einer Tanzveranstaltung, die sie mit einigen Freundinnen besuchte, schäumte sie schier über vor Lebensfreude und verausgabte sich beim Tanzen so, dass sie ein paar Minuten auf der Toilette ausruhen wollte. Sie ließ sich kühles Wasser über die Handgelenke laufen und ging dann erfrischt in eine Kabine, als sie einige Damen in den Raum treten hörte, die sich lautstark unterhielten. Sie sprachen von ihrer Freundin, die so dermaßen selbstverliebt war und dies auch noch so plump zur Schau stellen musste, dass es ihnen peinlich war, mit ihr gesehen zu werden. Marianne erkannte die Stimmen trotz der lauten Musik sofort und sackte in sich zusammen. Ab dem Tag war ihr die Freude an ihr selbst vergangen. Sie konnte nicht mehr unbeschwert ihre eigene Gesellschaft genießen, weil sie immer Angst hatte, sie könnte arrogant oder eingebildet wirken – Dinge, die ihr völlig fern lagen, aber nun an ihr hafteten wie ein Fliegenfänger.

Vielleicht kennst du so ein Erlebnis auch, das dich in deinem Selbstverständnis völlig erschüttert hat. Wenn wir uns damit auseinandersetzen, was für uns unser Frausein ausmacht, werden wir auch an den Punkt kommen, uns offen zu fragen, in welchen Punkten wir unserem authentischem Selbstverständnis von Weiblichkeit entsprechen und in welchen eben nicht.

- Welche von dir als weiblich wahrgenommenen Anteile werden nicht von dir gelebt?
- Welche Aspekte werden von dir ausgegrenzt?
- Findet diese Ausgrenzung bewusst oder unbewusst statt? Gab es einen Moment, in dem du dir explizit vorgenommen hast, diesen Teil von dir nie wieder zu zeigen, wie bei den Frauen aus den Beispielen zu Beginn?
- Wie hat sich dein Leben danach entwickelt und wie fühlst du dich jetzt mit dir selbst?
- Ist es dir zu einer Gewohnheit geworden oder vermisst du die Dinge, die du ausgeklammert hast?
- Gibt es Bereiche, die du bisher nicht gespürt hast oder zu denen du den Zugang verloren hast?
- Warum ist das der Fall? Was assoziierst du damit?

Wenn wir uns mit diesem Ausklammern oder Nichtspüren beschäftigen, fällt auf, dass die Gründe meist im Außen liegen und doch stark von uns verinnerlicht wurden. Wir haben Angst, dass bestimmte Verhaltens- oder Denkweisen von uns als Schwäche ausgelegt werden könnten. Wir haben Angst vor Benachteiligung, wenn wir unsere weiche Seite zeigen oder befürchten sexistische Sprüche oder Handlungen.

Vielleicht stammt unsere Hemmung, uns so zu verhalten, wie wir eigentlich möchten, auch von in unserer Gesellschaft verankerten Tabus. Oder wir kultivieren eine erlernte Scham, ohne uns dessen bewusst zu sein. Die eigenen Rollen, das eigene Verhalten zu hinterfragen, kann dann ein erster wichtiger Schritt sein, um

Verlorenes wieder aufzuspüren, sich dem sorgsam im hintersten Eck unserer Seele Vergrabenen wieder ganz behutsam zu nähern.

Das ist mitunter mit schmerzhaften Erinnerungen verbunden. Schließlich haben wir Gründe dafür, bestimmte Anteile unseres Selbst vor der Außenwelt verborgen zu haben. Um uns auch diesen Teilen unserer Weiblichkeit nähern zu können, kann es für manche von uns sinnvoll sein, hier Trauerarbeit zu leisten. Das gilt insbesondere dann, wenn wir unsere weiblichen Anteile schon lange Zeit negiert haben, um in unserem Umfeld klarzukommen und wir jetzt schmerzlich feststellen müssen, wie lange wir uns von unserer eigentlichen Natur entfernt hatten.

Es kann frustrierend und bedrückend sein, wenn wir uns bewusst machen, dass wir in einem solch negativ eingestellten Umfeld unterwegs waren oder sind, das ein solches Verhalten überhaupt notwendig gemacht hat. Alte Verletzungen können sich wieder regen, mancher Stachel aus der Vergangenheit sitzt immer noch tief. Dies gilt insbesondere dann, wenn wir in abhängigen Positionen waren, als die Verletzung stattfand, also etwa als Tochter abhängig vom Wohlwollen unserer Eltern, als Schülerin oder Studentin von den Lehrenden, als Arbeitnehmerin von der Chefetage.

Doch in den meisten Fällen haben diese Aussagen für uns heute keine wirklichen negativen Konsequenzen mehr. Freundinnen, die uns unsere Lebensfreude nicht gönnen, sind keine echten Freundinnen. Kollegen, die uns klein halten wollen, brauchen nicht unseren Schutz – wir müssen uns vor ihnen und ihrem toxischen Verhalten schützen. Und auch wenn wir oftmals zuerst mit Rückzug reagieren, bedeutet das nicht, dass du nicht andere Strategien ausprobieren kannst, um mit solchen Menschen und Situationen umzugehen. Du hast dich weiterentwickelt, du bist reifer und unabhängiger geworden und du kannst dich aktiv aus Abhängigkeitsverhältnissen befreien, wenn du merkst, dass dir jemand nicht guttut und dich in deinem Frausein nicht akzeptiert.

Du wirst Mittel und Wege finden, diesen Leuten die Stirn zu bieten und für dich und deine Wünsche, dein Empfinden und dein

Verständnis von Weiblichkeit einzutreten. Du bist niemandem verpflichtet, dich auf eine bestimmte Art und Weise zu verhalten, um irgendwelchen rückständigen Rollenbildern zu entsprechen und wenn du keine Lust darauf hast, bedienst du auch keine Klischees! Wenn du allerdings Lust dazu hast und dich beispielsweise danach sehnst, das traditionelle Hausfrauenleben zu führen, dich gern schön machst und dich sehr für Mode interessierst, bedeutet das ebenso wenig, dass du den Feminismus verrätst oder das, was die Generationen vor dir erkämpft haben, mit Füßen trittst!

Noch einmal: Es ist dein Leben! Und du darfst deinen Interessen und Wünschen nachgehen. Du darfst deine Form von Weiblichkeit leben und diese darf so facettenreich sein wie du. Vielleicht hast du einen Tag totale Lust auf Häuslichkeit und stundenlanges Frisieren, am nächsten Tag willst du in Gummistiefeln mit dem Hund durch die Wälder stapfen und draußen schlafen.

Du definierst dein Verständnis von Weiblichkeit selbst und niemand hat das Recht dazu, dich einzugrenzen, nur weil du Verlobte, Ehefrau, Tochter oder Mutter bist. So lange du dich um das Wohl deiner Kinder kümmerst und in der Beziehung zu deinem Herzensmenschen im Rahmen eurer ganz individuell vereinbarten Absprachen bleibst, bist du darüber hinaus vollkommen frei.

Diese Freiheit zu kosten, kann ungewohnt sein – aber sie schmeckt köstlich und sie macht Lust darauf, das eigene Leben in die Hand zu nehmen und sich immer wieder neu zu erfinden, Chancen zu nutzen und Dinge auszuprobieren! Frei von inneren Schranken, selbst auferlegten Verboten und den kritischen Augen der Gesellschaft.

Sicheren Raum schaffen, um das eigene Naturell ausleben zu können

Auch wenn im vorangegangenen Abschnitt gerade davon geschrieben wurde, dass es auch andere Möglichkeiten als den Rückzug gibt, lohnt es sich gerade in der Phase der Trauerarbeit oder zu Beginn, einen sicheren Raum zu schaffen, in dem du dein eigenes Naturell ganz frei ausleben kannst, um dich so deiner Weiblichkeit wieder Stück für Stück annähern zu können.

Bist du sehr gesellig und erlebst neue Dinge gerne in einer Gruppe, kann das beispielsweise ein Retreat von Frauen für Frauen sein, bei dem du dich mit verschiedenen Aspekten deiner Weiblichkeit vertraut machen kannst und gemeinsam mit anderen Frauen näher an dein Innerstes kommst. Die Gemeinschaft und die Möglichkeit, mal nur unter ihresgleichen zu sein, hat für viele Frauen für sich schon eine heilende und befreiende Wirkung – einfach deswegen, weil tägliche Anstrengungen wie sexistische Sprüche oder Mansplaining in diesem Rahmen einfach nicht stattfinden und so nichts von der täglichen Energie abziehen können, die Frau braucht, um sich ihren Themen zu widmen. Zudem kann das Aufarbeiten von kollektiven Wunden in einer Gruppe sehr zielführend sein und durch das gemeinsame Teilen und Besprechen von Ereignissen kannst du dich weniger isoliert fühlen. Eine Verbundenheit mit der weiblichen Gemeinschaft kann ein echter Kraftanker sein, der auch noch nach dem Treffen nachwirken kann. Vielleicht findest du bei diesem Treffen auch Frauen, mit denen du auch nach dem Event in Verbindung bleiben möchtest.

Bist du eher introvertiert und probierst du neue Dinge lieber für dich alleine aus, kannst du darüber nachdenken, dir in deinem Zuhause einen speziellen Platz zu gestalten, an den du dich für deine Innenschau und etwaige Körperübungen zurückziehen kannst. Dieser Platz sollte dir völlige Ungestörtheit bieten, damit du dich wirklich ganz auf dein Thema einlassen kannst. Wenn du immer befürchten musst, dass gleich deine Achtjährige auf der verzweifelten Suche nach ihrem roten Filzstift neben dir steht, dann ist das komplette Einlassen auf eine Thematik schwer. Wähle einen Zeitpunkt, an dem du in deiner Wohnung ungestört bist oder du wählst einen schönen Platz in der Natur, etwa an einem See. Kannst du dir einen Platz in deinem Wohnraum gestalten, dann sorge für eine freundliche, einladende Atmosphäre, Klarheit, angenehmes Licht und frische Luft. Vielleicht möchtest du auch ein paar Dekorationsgegenstände aufstellen, die für dich die Kraft der Weiblichkeit repräsentieren, etwa eine Pflanze, eine Holzfigur oder ein Bild einer strahlenden Frauengruppe?

Wähle für deine Me-Time Kleidung, die deinen Körper umschmeichelt. Angenehme Stoffe, die sich auf deiner Haut wohlig anfühlen und Schnitte, die dir Bewegungsfreiraum bieten, sind super. Wähle Stücke, in denen du dich besonders weiblich fühlst und mit denen du angenehme Dinge verbindest. Das Telefon kannst du in der Zeit leise stellen, damit dich kein Geplinge aus irgendeinem Gruppenchat ablenkt und dann freue dich auf deine Me-Time!

Spiegelarbeit

Viele von uns verbindet eine Form von Hass-Liebe mit Spiegeln. Wir schrecken vor unserem Spiegelbild zurück, weil uns unser Anblick enttäuscht. „Was? Diese müde Person mit dem fahlen Gesicht soll ich sein? Wo hängt eigentlich mittlerweile mein Hintern? Waren meine Haare schon immer so dünn?" Gleichzeitig nutzen wir jede Fensterscheibe, um doch noch mal schnell zu überprüfen, ob das Make-up oder die Haare sitzen. Mit den besten Vergrößerungsspiegeln finden wir jede Furche und Verfärbung in unserem Gesicht, die wieder unseren Unmut hervorruft.

Spiegelarbeit, wie du sie alternativ betreiben kannst, kann dir dabei helfen, deinen Körper und deinen Anblick besser kennen und vielleicht sogar mit der Zeit lieben zu lernen. Denn die wenigsten sind mit dem Anblick ihres gesamten Körpers vertraut. Wir suchen uns unsere Schwachstellen aus und sezieren diese regelrecht.

Wie ist es aber, wenn du dich im Ganzen siehst? Wann hast du dich das letzte Mal komplett unbekleidet von oben bis unten angeschaut? Wie würde es sich anfühlen, das jetzt zu tun? Welche Gedanken steigen dabei auf?

Falls negative Emotionen aufsteigen oder der innere Kritiker wieder damit beginnen will, dir eine Liste vorzubeten, was alles an dir nicht stimmt, nimm das wahr und lass es weiterziehen. Am schönsten ist es natürlich, wenn du dich mit liebevollen Augen betrachten kannst, aber falls das noch nicht möglich ist, versuche eine neugierige, offene Haltung einzunehmen. Du könntest dir beispielsweise vorstellen, dass du eine Besucherin von einem anderen Stern bist, die das erste Mal einen Menschen sieht und ihn einfach ganz interessiert studiert und sich über dieses Wunderding aus Armen, Beinen, Rumpf und Kopf freut.

Kannst du dir vorstellen, dass du dir immer vertrauter werden kannst und dich beim Betrachten auf alle deine Stärken konzentrierst? Deine schönen Wimpern, deine fein geschwungenen Brauen, die entzückenden Sommersprossen auf der Nasenspitze, deine starken Arme? Du kannst mit Affirmationen arbeiten, während du deinen Körper im Spiegel betrachtest oder du dankst deinem Körper einfach dafür, was er bisher für dich geleistet hat, dass er dein Zuhause ist.

Das ist vor allem dann eine schöne Möglichkeit der Spiegelarbeit, wenn das typische „Sag deinem Spiegelbild, wie sehr du es liebst" sich für dich noch komplett falsch und gelogen anfühlt, weil du einfach noch keine so harmonische Beziehung zu deinem Äußeren aufbauen konntest.

Vielleicht möchtest du dich auch bei deinem Körper entschuldigen, weil du ihn jahrelang nur verglichen, beschimpft und gegängelt hast, damit er einem bestimmten Ideal entspricht, statt ihn als einen von vielen weiblichen Körpern in seiner ganz individuellen Form wahrzunehmen. Das geht auch, wenn du ihn vielleicht noch nicht vollständig annehmen kannst und bietet einen ersten Schritt in die richtige Richtung, eine Grundlage der Versöhnung und Annäherung.

Du kannst dich und dein Äußeres erkunden. Wie sehen eigentlich deine Knie aus? Irgendwie lustig, oder? Wie verändert sich dein Körper, wenn du ihm etwas Liebes sagst? Wie fühlst du dich dann? Wenn dir selbst die Worte fehlen, kannst du deine Spiegelarbeit auch mit einer geführten Meditation zum Thema Selbstliebe oder Weiblichkeit verbinden und dir somit etwas Unterstützung holen.

Was findest du an deinem Körper besonders weiblich? Was lässt dich in deine ureigene Kraft kommen?

Bauchtanz

Ein wunderbares Mittel, um sich der eigenen Weiblichkeit zu nähern, ist das Tanzen. Vor allem Tänze, bei denen du den Beckenboden aktivierst und die mit vielen fließenden Bewegungen arbeiten, gelten als gut geeignet. Diese Form der körperlichen Annäherung an deine Weiblichkeit ist super, wenn du sonst eher rational veranlagt bist und dich mit Meditationen, Spiegelarbeit oder anderen Techniken schwertun solltest.

Tanzen generell ist ein wunderbarer Motor, um mit der eigenen Körperlichkeit in Berührung zu kommen und ebenso dafür geeignet, die eigenen Emotionen zum Ausdruck zu bringen. Wenn dir Bauchtanz weniger zusagt, wie wäre es dann mal mit einer Schnupperstunde Hula-Tanz? Einige Frauen sind überrascht, wie gut und gestärkt sie sich durch Burlesque-Tanz fühlen. Probiere verschiedene Dinge aus und bleib ganz gelassen, wenn die ersten Stunden sich eher etwas krampfig anfühlen. Manchmal braucht es seine Zeit, bis man sich auf etwas Neues einlassen kann.

Es ist dabei auch gar nicht wichtig, dass das, was du machst, besonders elegant aussieht oder du sportliche Erfolge erzielst. Es geht vielmehr darum, dir auf eine ganz besondere Art selbst zu begegnen und dir Raum für Bewegungen zu schaffen, die so in deinem Alltag wahrscheinlich wenig Platz finden. Übst du in einer Gruppe, kann die Energie der anderen Teilnehmerinnen deines Kurses sehr bereichernd sein.

Beckenbodentraining

Die Bauchtänzerin Coco Berlin schreibt in ihrem Buch „Pussy Yoga", wie sie eine tiefere Verbindung zu sich selbst und mehr seelische Ausgeglichenheit durch die Arbeit mit dem Beckenboden gewonnen hat. Der Beckenboden gilt als Zentrum der Weiblichkeit, der Ort der inneren Kraft. Die meisten Frauen kommen aber erst mit ihrem Beckenboden in Berührung, wenn er beginnt, ihnen Probleme zu machen, etwa nach der Geburt eines Kindes, bei Blasenschwäche oder der Absenkung.

Rund um das Schambein verlaufen drei Ebenen von Muskelsträngen, aus denen sich der weibliche Beckenboden zusammensetzt. Anatomisch ist er anders als beim Mann aufgebaut, sodass eine Frau sich auf jeden Fall einmal ein Modell anschauen sollte, um eine Vorstellung dieser besonderen Muskeln zu bekommen. Ein geschwächter Beckenboden kann für Inkontinenz, sexuelle Probleme, eine geringe Körperspannung, Fehlhaltungen und eine beeinträchtigte Balance sorgen.

Meist wird für die Kräftigung des Beckenbodens entweder im Rahmen der Rückbildungsgymnastik nach einer Schwangerschaft geworben oder aber, um den Sexualakt mit dem Mann zu verbessern.

Mittlerweile gibt es aber auch viele Medien, die sich mit dem Beckenboden als Kraftquelle der Frau beschäftigen und die das Training ganzheitlich angehen. Im Zentrum steht dabei die Frau selbst, die stärker, lustvoller und gesünder werden kann.

Komm in deine Kraft

Viele Menschen assoziieren mit dem Weiblichen vor allem das Weiche, Anschmiegsame, Schwache, das Hilfsbedürftige. Und sicher ist es schön, diese Seiten in uns ausleben zu können. Doch wir Frauen haben auch eine große innere Stärke, die wir nicht verleugnen sollten. Manche von uns hat früh gelernt, dass sie diese

Stärke abmildern sollte, weil sie Männer abschrecken könnte, weil die Gesellschaft starke Frauen fürchtet und nicht gut mit ihnen umgeht.

Das sollte uns aber nicht davon abhalten, unsere Stärke zu kultivieren. Wir sollten aus uns selbst heraus in der Lage sein, für uns zu sorgen und dazu gehört auch, dass wir unsere ureigene weibliche Stärke annehmen und nutzen – sowohl mental als auch körperlich.

Es gibt ganz verschiedene Möglichkeiten, dich dieser Stärke zu nähern. Bist du körperlich stärker, kannst du sicherer auftreten und bist so weniger angreifbar. Du musst ja nicht gleich Bodybuilderin werden und große Muskelpakete aufbauen, wenn das nichts für dich ist – aber irgendein Krafttraining, um deinen Körper fit zu halten, kann sehr viel für dein Selbstbewusstsein tun.

Ein Selbstverteidigungskurs ist ebenfalls sehr nützlich, wenn es darum geht, deiner Kraft auf geschulte Weise Ausdruck zu verleihen. Wenn du lernst, wie du dich am besten selbst behaupten kannst, dann hast du auch in kniffeligen Situationen Werkzeuge zur Hand, die du nutzen kannst und die dir auch im Alltag bei kleinen Spitzen sicherlich dienlich sein werden.

Auch ein Sprechtraining ist eine gute Idee, wenn es darum geht, dir deiner Power bewusst zu werden. Eine kräftige Stimme verschafft dir Gehör, sodass du dein Anliegen klar und deutlich vorbringen kannst.

Verbunden damit ist meist auch ein Atemtraining. Wenn du lernst, aus dem Bauch heraus zu sprechen und die Bauchatmung zu nutzen, tust du sowohl Körper als auch Geist etwas Gutes und kannst mehr bei dir und in deiner Mitte bleiben.

Mode, Körperideale und Co

Der Ausdruck der eigenen Person über Kleidung, Frisur und Accessoires ist für viele von uns ein wichtiger Bestandteil. Um uns so zu zeigen, wie wir sind? Oder präsentieren wir uns so, wie wir glauben, uns präsentieren zu müssen? Wenn du dich deiner

Weiblichkeit näherst, lohnt es sich natürlich auch, Dinge wie bestehende Schönheitsideale und Konventionen zu hinterfragen.

Legst du täglich Make-up auf, weil es dir Freude macht, mit verschiedenen Looks zu experimentieren, deine Vorzüge zu unterstreichen und kreativ zu sein, oder weil man das von einer Frau in deinem Alter und in deiner Position eben erwartet? Enthaarst du dich, weil es deinem Verständnis von Ästhetik entspricht und du das Gefühl von glatter Haut magst, oder weil Körperbehaarung als unweiblich gilt und du die Blicke anderer fürchtest?

Um es klar zu machen: Wie du deine Weiblichkeit ausdrücken möchtest – ob mit fließenden Kleidern, roten Lippen, Beinbehaarung, einer Glatze oder was auch immer – ist ganz allein deine Entscheidung. Es ist für uns nicht immer leicht herauszufinden, ob wir etwas nur deshalb ästhetisch ansprechend finden, weil wir damit seit Jahren konfrontiert werden, oder ob es tatsächlich unserem ganz persönlichen Geschmack entspricht. Erlaube dir also zu experimentieren, in puncto Make-up, Rasur, Kleidungsstil und Frisur.

Läufst du quasi seit der Pubertät mit einem kompletten Make-up und enthaart herum, weißt du möglicherweise gar nicht, wie es sich anders anfühlt. Gib dir die Chance, zu wählen. Wenn du unsicher bist, mache deine ersten Schritte im Urlaub oder am Wochenende, wenn du keine wichtigen Termine hast. Stellst du fest, dass du auch als unweiblich geltende Dinge magst und du dich gut und stark damit fühlst, dann integriere diese in deine Looks.

Du musst dich nicht festlegen und darfst durchaus zwischen Stilen wechseln. Die Zeiten, in denen Frauen der Mode ab einem bestimmten Alter abschwören sollten, sind zum Glück fast vorbei, aber noch immer halten sich Überzeugungen, in dem und dem Alter wäre dies und das für eine echte Frau nicht mehr angemessen. Wenn du Lust darauf hast, pfeife auf die Konventionen. Du bist eine Frau mit einem ganz eigenen Geschmack und nur dir muss es gefallen. Selbstverständlich bist du dabei ja trotzdem in der Lage, dich der Situation angemessen zu kleiden, aber eben nach deinen

Spielregeln. Ein paar Haare auf den Beinen lassen dich nicht unweiblicher sein. Fordere dein Umfeld auch ruhig mal heraus und feiere dich und deine Kreativität beim Schmücken und Ausdrücken deines einzigartigen, wunderbaren Körpers!

Austauschen mit anderen Frauen

Alisha ist bei einem alleinerziehenden Vater groß geworden und hat zusammen mit ihrem nur ein Jahr älteren Bruder in der Kindheit vor allem einen von Jungen dominierten Freundeskreis gehabt. Auch bei ihrer Arbeit in einer Tischlerei ist der Frauenanteil sehr gering: Während in der Berufsschule wenigstens noch zwei weitere Schülerinnen mit ihr im Unterricht saßen, gibt es in ihrem Ausbildungsbetrieb nicht mal eine eigene Damentoilette. Die Kollegen nehmen Alisha ernst und betonen gegenüber skeptischen Kunden immer, wie gut sie „für eine Frau" arbeitet und dass sie alle anderen in die Tasche stecken kann und ein „feiner Kerl" ist.

Als Alisha zum Junggesellinnenabschied der zukünftigen Frau ihres Bruders eingeladen wird, fühlt sie sich zunächst komplett fehl am Platz. Nur Frauen blicken ihr entgegen. Sie kann sich nicht erinnern, wann sie das letzte Mal mit so vielen Frauen Zeit verbracht und nicht nur zufällig einen Raum geteilt hat, wie etwa im Schwimmbad in der Gruppenumkleidekabine. Nach einigen Hemmungen merkt sie, dass sie sich auf eine ganz angenehme Weise entspannt. Sie muss sich nicht die ganze Zeit anstrengen, eine von den Jungs zu sein, sich zu beweisen, sondern sie wird einfach als Schwägerin der Braut angenommen. Alisha kann das Ganze nicht wirklich einordnen, aber als sie von dem Abend nach Hause in ihre Wohnung zurückkehrt, fühlt sie sich richtig beschwingt und irgendwie mühelos.

Kerstin ist von ihrer besten Freundin zu irgendeinem spirituellen Selbstfindungstrip verdonnert worden. Immerhin hat sie dafür letztes Wochenende die Zwillinge gehütet, damit Kerstin und ihr Freund endlich mal den lang ersehnten Berlin-Trip realisieren konnten. Jetzt soll sie dafür aber in irgendeiner Hütte im Brandenburgischen mit lauter Frauen, die sie nicht kennt, ihre Weiblichkeit entdecken oder so. Für eine so pragmatische und resolute Frau wie sie ist das einfach gar nichts, denkt sie.

Über das Wochenende bemerkt Kerstin, die sich fest vorgenommen hat, alles einfach mit einer Prise Humor zu nehmen und sich ihren Teil zu denken, wie gut ihr dieses Umfeld tut. Dieser geschützte Rahmen, nur unter Frauen, erlaubt ihr ein Weichwerden, eine Offenheit, die sie so aus ihrem Berufsalltag, in dem sie vor allem durch Rationalität und eine gewisse Durchsetzungskraft glänzen soll, gar nicht kennt. Sie kommt ins Reden und Träumen und genießt am Ende – trotz diverser Dinge, die ihr ein wenig albern vorkommen – den Austausch mit den anderen Frauen, die ebenfalls interessante Einblicke in ihre Lebenswirklichkeit geben können.

Nina ist das Paradebeispiel einer modernen Frau, die mit beiden Beinen fest im Leben steht. Sie hat eine schöne Wohnung, einen großartigen Job und ein ausgefülltes Privatleben. Als ihre Nichte sie nach dem Abitur das erste Mal in der großen Stadt besucht, um sich die Hochschulen und Ausbildungsmöglichkeiten bei einer Messe anzuschauen, staunt sie und fragt, wie Nina das gelungen ist. Nina erzählt begeistert von ihren Netzwerken, von den starken Frauen in ihrer Stadt, die sich gegenseitig den Rücken stärken und sich voranbringen. Ninas Nichte kann sich das nicht wirklich vorstellen; schließlich hat sie immer zu hören bekommen, dass Frauen im Berufsleben intrigant und neidisch aufeinander sind, gegeneinander kämpfen und auch sie selbst hat schon erlebt, dass sich eine Klassenkameradin bei einem Referat mit fremden Federn geschmückt hat. Nina nimmt sie mit zu einem Treffen und kann förmlich sehen, wie das Sichtfeld ihrer Nichte sich weitet und sie jetzt um einen ganz neuen Zugang zu den Vertreterinnen ihres eigenen Geschlechts reicher ist.

Weibliche Energie zu spüren, kann unendlich guttun und deinem Leben eine ganz besondere Qualität verleihen. Sich in Gesellschaft von anderen Frauen zu begeben, kann daher ein wirklich wichtiger Schritt für dich sein, vor allem wenn dein Alltag bedingt durch deine Familienmitglieder oder den Beruf eher männerdominiert ist.

Wenn du in deinem bisherigen Leben nur wenige gute Erfahrungen mit Vertreterinnen deines Geschlechts machen konntest und mit Schrecken an Reiterhof-Ferien und Drama in der Klassenclique denkst, dann mach dir bewusst, dass du jetzt ganz freiwillig zu einer Gruppe dazustoßen kannst.

Du hast die Möglichkeit, so lange zu suchen, bis du die richtigen Personen triffst. Hab keine Scheu davor, dich aus einer Gruppe zu verabschieden, wenn du merkst, dass du mit den Leuten dort nicht auf einer Wellenlänge schwimmst. Das ist vollkommen okay. Hab ein wenig Geduld mit dir und den Menschen und gib dir Zeit, mit ihnen warmzuwerden. Nach ein paar Wochen sieht die Welt vielleicht schon ganz anders aus.

Und ganz wichtig: Es gibt viele verschiedene Arten von Kontakten: Nicht mit jeder Person muss dich eine innige Busenfreundschaft verbinden. Es ist auch großartig, gute Bekannte zu haben, eine Freundin, mit der du dich beim Wandern unterhalten kannst, berufliche Kontakte, Mentorinnen und nette Nachbarinnen, bei denen du dich auch mal etwas länger auf einen Schnack am Gartenzaun einlässt.

Auch das Schauen außerhalb deiner Altersklasse kann sich lohnen, denn unterschiedliche Altersgruppen können sich enorm begeistern. Vielleicht findest du eine lang ersehnte Mentorin in einer älteren Dame oder du wirst selbst eine „große Schwester" für eine junge Frau aus deinem Berufsfeld?

Wenn du viele Vorurteile in dir trägst, wie „mehrere Frauen ergeben einen Hühnerhaufen" oder „Frauen können gar nicht befreundet sein, da gibt es eh nur Zickenkrieg", dann ist es von besonderer Bedeutung, dich mit diesem Bereich in deinem Leben näher zu beschäftigen. Geheimbünde, Stammtische, Allianzen – wo immer Männer zusammenkommen, werden Bündnisse geschlossen, Macht und Chancen verteilt, die Zeit miteinander genossen, sich organisiert. Damit Frauen nicht das Gleiche tun können, sich gemeinsam den Rücken stärken und organisieren und somit vielleicht das aktuell bestehende Patriarchat unterwandern, wurden Frauenbündnisse schnell kritisch betrachtet.

In dem Spielfilm „Das göttliche Recht" von der Regisseurin Petra Volpe kämpft zunächst eine Frau darum, als Frau endlich wählen zu dürfen. Das war am Spielort des Films, der Schweiz, erst ab dem Jahr 1971 möglich. Die Hauptprotagonistin des Films möchte wieder arbeiten, nachdem die Kinder aus dem Gröbsten raus sind. Ihr Ehemann verbietet es hier mit Hinweis auf das Eherecht. Die Frau hat keine rechtliche Möglichkeit, innerhalb des Ehebündnisses dagegen anzugehen und beginnt daher, sich mit der aktuellen Lage und der Emanzipationsbewegung auseinanderzusetzen. Als sie sich mit Frauen aus ihrem Dorf zusammentut, die Gegenbewegung immer größere Kreise zieht und die Frauen sich zu einem Streik zusammenschließen, wird dieses Bündnis von den Männern des Dorfes gewaltsam gestört. Die Kraft, die von dem Zusammenschluss ausgeht und die unweigerlich zu Veränderungen geführt hat, soll durchbrochen werden.

Die Zeiten, in denen uns ein Vater oder Ehemann verbieten kann, irgendwo hinzugehen, sind offiziell vorbei. Abwertende Bemerkungen existieren aber bis heute und werden gern dazu genutzt, starke Frauenfreundschaften zu unterwandern, wenn Männer sich zurückgesetzt, übergangen oder in ihrer privilegierten Stellung bedroht sehen.

Auch der Umstand, dass Macht und Geld eben nicht fair unter den Geschlechtern verteilt sind, kann dazu führen, dass Frauen andere Frauen mit einer gewissen Skepsis beäugen. Lässt der Betrieb – um es ganz platt zu sagen – nur eine Quotenfrau pro Abteilung zu, entsteht schnell der Eindruck, man müsse miteinander in Konkurrenz treten und es gäbe nicht genug Platz am Tisch. Das ist aber völliger Quatsch, wenn man sich aus dieser Betrachtungsweise löst und davon ausgehen würde, dass 50 Prozent der Plätze von Frauen besetzt sein könnten – schließlich leben in der Bundesrepublik Deutschland etwa eine Million mehr Menschen weiblichen Geschlechts als Männer. Warum sollte bei gleicher Qualifikation (der Anteil der höheren Bildungsabschlüsse ist bei den Frauen ebenfalls höher) ein Großteil der Positionen von Männern besetzt sein und so ein vermeintlicher Mangel angenommen werden, der zu Zwist führt?

Löst man sich aus der durch strukturelle Benachteiligung zementierten Sichtweise, für Frauen gäbe es nicht genug vom großen Kuchen und man müsse sich gegen die Vertreterinnen des eigenen Geschlechts wehren und abgrenzen, sie übertrumpfen oder ausstechen, lässt sich plötzlich ein ganz anderes Miteinander kreieren.

Nutze diese Chance – gerade auch in der Berufswelt. Vernetze dich mit anderen Frauen in deinem Bereich. Neide einer anderen nicht ihren beruflichen Erfolg, sondern frage sie, ob sie dir helfen kann, selbst vorwärtszukommen. Unterstütze andere Frauen, fördere sie, wenn du die Möglichkeit siehst, empfehle sie weiter und hilf mit, eine vertrauensvolle und positive Atmosphäre untereinander zu schaffen.

Teil der Lösung statt des Problems

Dafür ist es auch wichtig, dass wir die Ungerechtigkeiten, die wir erfahren, nicht an andere weitergeben, etwa nur die Praktikantinnen zum Aufräumen der Teeküche anhalten und die Praktikanten dafür das neue Programm auf dem Rechner installieren lassen. Oder dass wir die Pflegekraft, die sich um unsere Mutter kümmert, genauso fair dafür entlohnen, wenn sie unsere 70 Kilo schwere Mama hebt und dreht und versorgt, wie den Handwerker, der bei unserer Hausbaustelle den Zementsack trägt. Wenn wir in leitenden Positionen Aufgaben delegieren, sollten wir ebenfalls darauf achten, welche Message wir senden, wie wir mit unseren Mitarbeitern umgehen und ob wir eine Atmosphäre schaffen können, in der sich alle Menschen mit ihren individuellen Stärken und Schwächen so gut wie möglich gesehen und angenommen fühlen.

Wenn du magst, lege das Buch jetzt kurz zur Seite und lasse die letzten Wochen gedanklich Revue passieren: In welchen Bereichen könntest du genauer darauf achten, internalisierte Ungerechtigkeit nicht an andere Frauen weiterzugeben und dadurch etwas für den Zusammenhalt unter der weiblichen Bevölkerung zu tun?

Nicht selten kommt das Argument, dass die Männer ja gar nicht so das Problem sind, sondern die Frauen unerbittliche Kritikerinnen sind, intrigant oder falsch. Vor allem die letzten beiden Wörter werden üblicherweise nur dann verwendet, wenn Frauen agieren. Wie kommt das?

Wir haben schon erfahren, dass Frauen dadurch, dass sie vermeintlich im Mangel leben, was beispielsweise Macht und Geld angeht, schnell mit anderen Frauen in Konkurrenz geraten. Auch wenn sie erleben, dass nicht viele verschiedene Aspekte ihrer selbst im Alltag ausschlaggebend sind für Anerkennung und gesellschaftlichen und beruflichen Erfolg, sondern beispielsweise nur das Äußere oder der Umstand, ob sie in einem bestimmten Alter eine Beziehung aufweisen können, sie verheiratet sind oder Kinder haben, kann dies zu Unmut führen, der selten gegen die geht, die das ungleiche System am Laufen halten, sondern gegen die Vertreterinnen der eigenen Gruppe, gegen die man sich vermeintlich durchsetzen muss, um überhaupt gesehen zu werden.

Wir übernehmen quasi unbewusst die Erzählweise, obwohl wir sie doof und unfair finden und wissen, dass sie eigentlich nicht stimmt. Aber sie ist eben Alltag und wird von allen genutzt und es fällt schwer, hinter die Fassade zu schauen.

Frage dich daher: Wo sorgst auch du dafür, dass Frauen im Alltag benachteiligt oder kleingehalten werden? Wo entschlüpfen dir sexistische Bemerkungen? Wie trägst du dazu bei, dass junge Mädchen denken, sie müssten einem alten Rollenbild entsprechen? Durch welche Äußerungen verstärkst du die Idealvorstellung von der Super-Woman, die alles alleine stemmen soll?

Begegne dir bei dieser Innenschau bitte nicht mit Härte. Verurteile dich auch nicht dafür, wenn du bemerkst, dass du Teil des Ganzen bist. Du bist in ein System hineingeboren worden und hast dessen Regeln verinnerlicht. Du hast bis heute sicherlich schon mehrfach erlebt, was passiert, wenn Leute Veränderungen anstoßen – sei es im Kleinen oder im Großen, seien es du selbst, Freunde oder Bekannte von dir. Du weißt, dass geredet wird, du weißt, dass es Spott geben kann oder im schlimmsten Fall sogar Anfeindungen. Von daher ist es vollkommen normal, dass wir manche Dinge bis heute tun, obwohl wir es anders machen wollen. Manchmal fürchten wir die Reaktion der anderen, manchmal sind wir müde und so in unserem Trott, dass uns die Kraft und das Feingefühl fehlen, manchmal wussten wir es auch einfach noch nicht besser und dachten, das wäre eben alles einfach so.

Bitte versuche, dem Ganzen mit Offenheit und Neugierde entgegenzutreten. Beobachte dich im Alltag und wenn du etwas findest, das du besser machen kannst, betrachte es als Chance für dich und auch für all die anderen Frauen, die in ihre weibliche Kraft finden möchten. Brauchst du mehrere Anläufe, macht das gar nichts. Du bist auf deinem Weg und ein solcher Prozess braucht Zeit.

Sei stolz auf dich, dass du dir dessen bewusst bist, dass du Teil des Ganzen bist, du aber Teil der Lösung statt Teil des Problems sein möchtest. Es geht nicht darum, perfekt zu sein, sondern aufmerksamer mit deinen Worten umzugehen und bewusster mit dem, was du tust. Du wirst immer mehr in deine Achtsamkeit und Kraft hineinwachsen und dabei nicht nur selbst deinem wahren Ich näherkommen, sondern auch andere Frauen viel besser darin unterstützen können, ihre Weiblichkeit vollkommen authentisch zu leben. Wenn wir uns gegenseitig stärken, statt uns herunterzuziehen, dann kann viel Schönes passieren, auf dass wir uns von ganzem Herzen freuen dürfen!

Schwesternschaften und Frauenbündnisse

Hast du auch die Protagonistinnen aus Sex and the City beneidet, wenn sie wie selbstverständlich zu ihren regelmäßigen Treffen zusammenkamen? Oder in einem Fantasyfilm bei den Treffen von Hexenschwestern leise aufgeseufzt, weil du dich auch nach so einer Verbundenheit, so einer Schwesternschaft sehnst?

Wenn du einen Schritt weitergehen magst, kannst du dich nicht nur beruflich mit anderen Frauen vernetzen, sondern dich auch privat mit mehreren Frauen zusammentun und einen regelmäßigen Austausch vereinbaren. Dieser kann sich in den unterschiedlichsten Formen zeigen: Vielleicht engagiert ihr euch gemeinsam für ein Herzensprojekt, oder ihr betreibt ein gemeinsames Hobby! Großartig ist es auch, wenn Frauen ganz unterschiedlicher Altersgruppen daran teilnehmen können und so gemeinsam ihren Horizont erweitern. Wie wäre es beispielsweise mit einem Buchklub? In dem könntet ihr euch auch mit eurem Frausein auseinandersetzen, ohne dass es gleich an Frauengruppen aus den 80ern erinnert. Obwohl auch daran nichts Schlechtes sein muss.

Hast du darauf Lust, werde aktiv! Es gibt die unterschiedlichsten Formen, wie sich Frauen in feministischen Gruppen organisieren und sich gemeinsam für Gleichberechtigung engagieren, den Austausch genießen und sich informieren. Findest du in deiner Umgebung nichts, was zu dir und deiner aktuellen Situation passt, kannst du selbst eine Gruppe ins Leben rufen. Oder du stöberst im Netz nach Blogs und Foren und knüpfst dort die ersten Kontakte. Vor allem in der breiten spirituellen Szene wirst du mit etwas Glück und Ausdauer auch andere Menschen finden, die Lust haben, eine Schwesternschaft zu gründen und vielleicht auch das eine oder andere Ritual auszuführen.

Kapitel 5:
Sich selbst wert sein

Sich selbst etwas wert sein, ist gerade für uns Frauen nicht immer so einfach. Natürlich wissen wir alle, wie wichtig das nötige Selbstwertgefühl für eine gesunde Psyche ist und vielerorts – in der Werbung, in Magazinen, in der Arztpraxis – werden wir dazu aufgefordert, es uns einfach mal wert zu sein – vor allem dann, wenn wir etwas kaufen sollen.

Wie so häufig erleben wir hier eine Doppelmoral. Der Mann, der es sich selbst wert ist, seine Interessen klar zu vertreten, sich seine Freiräume zu nehmen und für das einzustehen, was ihm wichtig ist, ist stark, zielorientiert und jemand, der Achtung verdient. Eine Frau gilt dagegen schnell als kompliziert, störrisch, ja, sogar gierig. Eine, die zu viel oder zu egoistisch ist, die sich wohl für was Besseres halten muss, wenn sie denkt, sie kann sich einfach aus dem Hamsterrad entfernen.

Schnell schwingt bei uns die Unsicherheit mit, wir könnten selbstbezogen oder selbstverliebt wirken – denn gerade bei Frauen ziemt sich so ein Verhalten doch nicht. Der Spruch „Nimm dich selbst nicht so wichtig, dann ist alles gar nicht so schlimm!" ist eine beliebte Durchhalteparole unter gestressten Frauen. Den sexistischen Kommentar versuchen wir ebenso abzuschütteln, wie den Umstand, dass uns die ungleiche Behandlung bei der Arbeit aufregt und die Tatsache, dass in manchen Ländern eine Abtreibung immer noch verboten ist, selbst wenn die Schwangerschaft gewaltsam bei einer Vergewaltigung entstanden ist.

Wir wollen nicht die sein, die immer wieder Sand ins Getriebe streuen, jetzt in der Sitzung eine Szene machen, die Familienfeier sprengen, weil wir den sexistischen Witz von Onkel Achim als solchen benennen. Darum nehmen wir uns mit unseren Gefühlen, unserer verletzten Weiblichkeit nicht wichtig. Wir nehmen unsere Gesundheit nicht wichtig, wenn wir uns nicht genügend Schlaf gönnen, weil die Familie uns braucht, wir nicht gesund essen, weil wir keine Zeit zum Kochen haben oder wenn wir seit Wochen keinen freien Nachmittag mehr hatten, weil einfach zu viel ansteht.

Wir nehmen unser Empfinden nicht wichtig, wenn wir merken, dass wir uns in einer Situation unwohl fühlen, aber gute Miene zum bösen Spiel machen, weil man ja vielleicht doch zu empfindlich ist und das ja gar nicht abwertend gemeint war, sondern einfach nur ein Witz. Und Spaß dürfe man ja schon noch machen, oder? Wir vertrauen dann nicht mehr auf unser Gespür, auf unser Bauchgefühl, auf unser Innerstes und verlieren so den Zugang zu uns und unserer Weiblichkeit.

Wenn eine Frau sich wieder selbst mehr spüren, sich näherkommen will, muss sie anfangen, sich und ihre Bedürfnisse, ihre Wünsche und Träume, ihre Gefühle und Empfindungen wichtig zu nehmen. Sie braucht dafür die nötigen Freiräume – körperlich, mental und seelisch. Diese werden dir sicher nicht bereitwillig von allen Seiten angeboten. Deshalb ist es für deinen Weg in deine weibliche Mitte so wichtig, dass du dir über folgende Punkte Gedanken machst:

- → Wie sieht es für dich aus, wenn du dein Frausein authentisch leben willst?
- → In welchen Bereichen möchtest du etwas ändern?
- → Wo hast du das Gefühl, noch mehr auf Entdeckungsreise gehen zu wollen, wo bestehen schon ganz konkrete Pläne für Veränderungen?
- → Und wieso möchtest du etwas in deinem Leben ändern?

Warum? Darum!

Vermutlich wirkt die letzte Frage auf dich eher rhetorisch. Es ist ja klar, dass niemand dauerhaft in einer schädlichen Überbelastung verhaftet bleiben möchte. Ungerechtigkeiten wollen die meisten von uns gerne aus dem Weg räumen. Und dieses Sehnen nach der eigenen Wirklichkeit, die Vorstellung, das eigene Empfinden ernst zu nehmen und voller Authentizität leben zu wollen, treibt uns alle irgendwann um, wenn wir die Gelegenheit erhalten, uns selbst näherzukommen.

Trotzdem kann es hilfreich sein, dass du dir dein Darum noch einmal ganz bewusst machst. Es kann dir dabei helfen, dich deinen Zielen von einer erfüllten Weiblichkeit zu nähern, weil du konkret weißt, wo du hinmöchtest. Wenn du weißt, warum du etwas machst, fällt es dir viel leichter, auf dem richtigen Kurs zu bleiben, als wenn du einfach so in den Tag hineinlebst. Das ist wie mit dem Auslandssemester in Spanien. Sobald das fix im Kalender stand, ging das Spanischlernen viel leichter von der Hand. Denn jetzt hattest du ein Ziel, ein Darum auf dein Warum mache ich das eigentlich.

Dieses Darum griffbereit im Hinterkopf zu haben, kann auch sehr hilfreich sein, wenn sich dir die unvermeidlichen Miesmacher in den Weg stellen. Leute, die es nicht mögen, dass du nun für dich und deine Bedürfnisse einstehst, weil es ja vorher so viel bequemer war. Weil Menschen, die für nichts kämpfen, viel leichter herumzuschieben sind. Weil du jetzt Grenzen aufzeigen und dich nicht mehr von anderen herumschieben lassen wirst.

Dein neuer Weg wird mit vielen interessanten Erfahrungen und großartigen Gesprächen, Neuentdeckungen und Lernmöglichkeiten gepflastert sein, aber leider gehört auch der eine oder andere Stolperstein dazu. In Form von Fehlentscheidungen, Frustration oder Hoffnungslosigkeit ob der allgemeinen Missstände oder auch, wenn dir ein engstehender Mensch plötzlich ein schlechtes Gewissen macht, weil du nicht mehr in deiner alten Rolle der einsam vor sich hin brennenden Superwoman verharrst, sondern als starke Frau mit eigener Meinung und klaren Grenzen auftrittst.

Das kann verunsichern, das kann frustrieren und manchmal kann es auch dazu führen, dass wir uns einsam fühlen – etwa wenn wir Kontakte zu Menschen, die uns nicht guttun, die uns nicht in unserer strahlenden, starken Form erleben möchten, reduzieren oder wenn Leute sich von uns abwenden, weil wir nicht mehr ihrem Bild entsprechen. Das kann wehtun, und es kann den nötigen Mut ganz schön schrumpfen lassen.

Ein gut ausformuliertes Darum hält uns in solchen Momenten der Verunsicherung in der Spur, motiviert uns, wenn wir aufgeben wollen – genau wie die Läuferin, die den großen Halbmarathon vor Augen hat, wenn sie sich morgens um halb sechs bei Regen aus dem Bett rollt und für das morgendliche Training in ihre Joggingschuhe schlüpft.

Bei anderen fällt es uns meist deutlich leichter, ein gutes Darum zu formulieren. Das merken wir als erfahrende Cheerleader unserer Liebsten immer wieder: Wir feuern den Herzensmenschen an, wenn er an einer wichtigen Präsentation sitzt und stehen die anstrengenden Wochen nach einer Operation in der Reha gemeinsam durch, bis alles wieder rundläuft. Die beste Freundin wird immer wieder per Sprachnachrichten, Emojis und abendlichen Anrufen ermuntert, wenn sie doch der große Katzenjammer packt und sie ihr Herzensprojekt am anderen Ende der Republik aufgeben will, weil ein paar Dinge schiefgelaufen sind. Wir erinnern unermüdlich an das große Ziel, zeigen Lösungen auf und feilen zusammen an Coping-Strategien, um mit der rauen Wirklichkeit klarzukommen.

Wieso können wir dies nicht auch für uns tun? Wieso dürfen wir uns selbst nicht der engagierteste Cheerleader sein? Weil Eigenlob stinkt und weil eine Frau sittsam und bescheiden zu sein hat? Veilchen im Moose statt stolzer Rose und so weiter? Wo ist denn der Unterschied, ob du dich unterstützt und anfeuerst oder deine Liebsten? Bei denen ist es ja auch nicht selbstverliebt oder anderweitig zweifelhaft, oder? Nein, stattdessen wird sogar von dir als liebende Mutter/Tochter/Ehefrau/Freundin/Kollegin erwartet, dass du mitfieberst, unterstützt und an der Seite bist. „Also so viel sollte dir deine Ehe/deine beste Freundin/dein Kind schon wert sein!"

Weißt du was? Du darfst dir genau so viel wert sein, wie jeder andere Mensch auf diesem Planeten! Mehr noch: Du verdienst es, dich von ganzem Herzen zu lieben und anzunehmen, mit all deinen Eigen- und Besonderheiten. Du bist eine ganz einmalige Person und eine Frau, die sich auf den Weg zu ihrer eigenen Weiblichkeit aufgemacht hat und ihre Wahrheit leben will.

Das allein verdient schon ein Höchstmaß an Respekt, denn nicht jede traut sich, zu sich selbst zu stehen und die ach so bequeme Komfortzone mit allem Drum und Dran zu verlassen. Du aber machst dich auf den Weg oder bist schon mitten drin auf deiner Reise.

Wie kannst du nun also deine Qualitäten dazu nutzen, um dir ein zufriedeneres, erfüllteres Leben zu gestalten? In welchen deiner Lebensbereiche kannst du aktiv werden – für dich selbst, für die Familie, im Beruf und auch in der Gesellschaft?

Wenn du magst, halte einen Moment inne und spüre in dich hinein. Welche Bilder steigen in dir auf? Was siehst du vor deinem inneren Auge? Mach dir am besten ein paar Notizen oder zeichne eine kleine Skizze. Auch eine Collage oder ein ästhetisches Vision Board können helfen, deine Ideen festzuhalten und für dich auf einen Schlag zu visualisieren.

Dein Darum verdient ebenfalls eine Niederschrift. Ein schriftliches Statement funktioniert auch wunderbar als Motivation an grauen Tagen oder als Accountability-Marker, wenn du an dir und deinen Plänen zweifeln solltest oder du zu bequem bist, deinen Weg zu gehen.

Mache dir deine eigenen Ressourcen bewusst. Diese mögen auf den ersten Blick vielleicht nicht umwerfend sein, aber schaue doch einfach mal ein wenig weiter. Gerade Frauen mit geringem Selbstwertgefühl denken oft, nichts Wertvolles in eine Gemeinschaft, ein Projekt einbringen zu können. Sie sehen gar nicht, in wie vielen verschiedenen Lebensbereichen – in der Familie, im Beruf, in der Gemeinde, in der Freundesgruppe, im Verein – sie mit ihrem Tun, ihrem Dasein bereits einen wichtigen Beitrag leisten. Dieser kann ganz unterschiedlich aussehen. Tatsache ist aber, dass wir in der Regel mehr bewirken können, als wir uns zutrauen, und dass wir bereits über viele Qualitäten verfügen, die wir als Ressourcen nutzen können, um uns ein zufriedenes, erfülltes Leben zu gestalten.

Deinen Selbstwert kannst du hier also ganz wörtlich nehmen: Du hast im Laufe deines Lebens wertvolle Erfahrungen machen können und du hast viele Fähigkeiten und Fertigkeiten ausbauen können, die du jetzt aktiv für dich nutzen kannst. Auch wenn es auf den ersten Blick nicht immer so aussieht, verfügen wir in der Mitte unseres Lebens über einen wahren Schatz an Kenntnissen und Wissen und dürfen uns dessen auch bewusst werden. Vielfach nutzen wir diese bestehenden Stärken nur bei der Arbeit oder um den stressigen Alltag einer Familie zu organisieren. Was aber passiert, wenn wir all das Wertvolle, das in unserem Leben bereits besteht, für uns und unseren Weg zur eigenen Weiblichkeit einsetzen?

Wenn wir diesen Umstand als Tatsache annehmen, uns akzeptieren können und uns auch erlauben, diese in uns existierenden Qualitäten wirklich zu leben und in unseren eigenen Rhythmus zu kommen, dann finden wir meist ganz von allein zu einem Leben mit mehr Harmonie, Kraft und Energie im Alltag und können Stress und Burnout ganz anders entgegenwirken. Im ersten Kapitel hast du mehr zum Thema Mental Load erfahren und auch, welche Gefahren eine dauerhafte Überforderung durch Mehrfachbelastung mit sich bringen kann.

Natürlich kannst du nicht die Welt mit all ihren Missständen ändern und es wäre auch utopisch, darauf zu hoffen, dass sie sich von alleine in den nächsten Jahren so ändert, dass Frauen vollkommen gleichberechtigt sind und vor allem die Care-Arbeit, aber auch Macht und Geld fair zwischen den Geschlechtern aufgeteilt werden.

Daher ist es zwar sehr wichtig, Veränderungen anzustoßen, auf Probleme hinzuweisen, die eigenen Denk- und Verhaltensmuster zu überprüfen, sich für die nötigen Dinge zu engagieren und unermüdlich auf ein faireres Leben hinzuarbeiten – aber es ist genauso wichtig, dass du lernst, dein eigenes Frausein jetzt schon in all seinen Facetten anzunehmen und – besonders wichtig – Selbstfürsorge in allen Lebensbereichen zu leben, um einer möglichen Überforderung, einem drohenden Burnout entgegenzuwirken.

Jede von uns kennt das Bild von der vollen Schale, die nur überfließen und das kühle Wasser an andere weitergeben kann, wenn sie selbst gut gefüllt ist. Auch die Ansage im Flugzeug, man möge sich zuerst selbst im Falle eines Falles die Sauerstoffmaske aufziehen, bevor man anderen zur Hilfe eilt, ist den meisten von uns bekannt.

Und doch kennen wir auch das Bild, dass die Frau sich als letzte vom Kuchen nimmt, vielleicht das Randstück, das eh keiner möchte, damit alle anderen am Tisch zufrieden und gut versorgt sind. Oder dass wir vor lauter Sorge um andere einfach unseren umgeknickten Fuß ignorieren, die Zähne zusammenbeißen und ein paar Tage auf enges Schuhwerk verzichten, während wir den Mann schon längst zum Arzt geschickt hätten und selbst mit Bello die Tierarztpraxis aufgesucht hätten, wenn er nach drei Tagen noch so schlimm gehumpelt hätte.

Selbstfürsorge also ist das Zauberwort und quasi auch das oberste Gebot der Stunde. Mit Frauen werden gerne das Kümmern und Versorgen in Verbindung gebracht, das Nähren und Pflegen. Aber wer pflegt die Frauen, damit sie nähren und sorgen können? Wächst die Kraft dafür aus dem Nichts?! Natürlich nicht. Und du darfst darauf ruhig aufmerksam machen, dir etwas Unterstützung und Zuwendung von deinen Lieben einfordern und dir auf jeden Fall Zeit und Muße dafür nehmen, dich selbst mit auf deine Prioritätenliste zu setzen. Am besten ganz nach oben!

Klar, wenn du kleine Kinder hast, musst du deine Bedürfnisse nicht selten hintenanstellen. Ein Kleinkind kann sich eben noch nicht alleine um sich kümmern. Aber ein vierzehnjähriger Teenager, der meint, er wäre quasi schon erwachsen, kann sich durchaus selbst ein Butterbrot schmieren, wenn Mama mal etwas Me-Zeit braucht. Und er ist durchaus dazu in der Lage, seine Mutter eben nicht nur in ihrer Elternfunktion zu sehen, sondern zu erkennen, dass sie darüber hinaus auch einfach nur Frau, einfach nur sie selbst ist – und dass sie dafür Raum und Zeit braucht.

Ja, da regen sich nicht selten ungute Gefühle: Scham vielleicht, ein schlechtes Gewissen, die Angst, eingebildet oder egoistisch zu wirken. Aber was ist daran egoistisch, wenn du gut für dich sorgst? Nur dann geht es dir wirklich körperlich und geistig gut und nur dann kannst du deine Vielzahl an Rollen und Aufgaben erfüllen, als Arbeitgeberin oder Arbeitnehmerin, Mutter, Partnerin, Freundin, Tochter, als Mitglied der Gesellschaft.

Jonglage im Team – du bist nicht allein

Einer der Gründe, warum Frauen so anfällig für Überforderung und Burnout sind, ist die weit verbreitete Überzeugung, sie müssten alles alleine schaffen. Der Druck, allen Anforderungen gerecht zu werden und auch alle Chancen zu nutzen, die uns heute dank des Engagements vorausgegangener Generationen offenstehen, wie etwa ein Studium, die politische Teilhabe oder das Ausüben eines Berufs, kann, wenn die anderen Aufgaben, die traditionell in Frauenhand fallen, nicht fair aufgeteilt werden, ins schier Unermessliche steigen.

Wir alle kennen das Gefühl, dass wir uns dann aber keinesfalls beschweren dürfen. Schließlich wollten wir ja alles – Job und

Kind. Und wir sollten doch eigentlich froh sein, dass uns die Welt mittlerweile schon so offensteht und statt zu meckern einfach machen, oder?

Wie sieht es denn dann aus, wenn wir uns über ein Zuviel beklagen? Doch eindeutig so, als wären Frauen doch nicht in der Lage, mit den Anforderungen der Außenwelt klarzukommen, oder? Die paar Bälle sollten wir doch in der Luft halten können, sonst hätten wir eben einsehen müssen, dass die Jonglage nichts für uns ist, stimmt's?

Superwoman bekommt Gesellschaft

Halt! Stopp! Nein, das stimmt so nicht. Die Zeiten der einsam agierenden Superwoman sind ab jetzt vorbei.

Ja, du hast dich bis hierher durchgekämpft und du hast jede Menge geleistet, worauf du stolz sein kannst. Aber ist dir schon mal aufgefallen, dass die meisten männlichen Superhelden einen Side-Kick, ein Team haben? Sie haben immer jemanden an ihrer Seite oder jemanden, der hinter ihnen steht, sie auffängt, ihnen Mut macht oder sie in den Bereichen unterstützt, in denen sie nicht so firm sind. Die Aufgaben werden im Team verteilt, sodass der Superheld sich erholen oder auf Dinge konzentrieren kann, die gerade von besonderer Wichtigkeit für ihn sind. In Momenten der Schwäche springt auch mal der Side-Kick ein und freut sich, dass er den großen Helden unterstützen kann. Dies alles wird keinesfalls als Schwäche des Superhelden gesehen, sondern wird ganz unkommentiert so hingenommen.

Deine Umwelt erwartet täglich Superheldinnen-Fähigkeiten von dir? Dann schaffe dir auch so ein Team. Sorge aktiv dafür, dass du Unterstützung bekommst. Das wird vielleicht erst einmal ein wenig Zeit in Anspruch nehmen, aber es lohnt sich auf jeden Fall und mit etwas Glück wächst es so, dass du wirklich eine Entlastung im Alltag spürst. Sei es dir wert, in dieses Team zu investieren.

Der Fokus liegt hier wirklich auf der Bezeichnung Team, denn nicht selten neigen wir dazu, eine enge Herzensfreundschaft zu pflegen und diese Person dann auch komplett in unser Leben einzubinden. Klar, dass diese Beziehung dadurch schnell überlastet werden kann und ihren Selbstwert zu verlieren droht. Wir können nicht nur einer anderen Person unsere Lebenslast aufbürden und erwarten, dass sie immer parat steht. Das wäre weit mehr als ein Freundschaftsdienst und niemand ist in der Lage und sollte auch gar nicht versuchen müssen, all die Bedürfnisse einer anderen Person zu erfüllen.

Gerade Mütter, vor allem Alleinerziehende, haben wenig Zeit für Kontaktpflege und Freundschaften. Auch Studenten, die sich ihr Studium mit einem Job finanzieren müssen, Menschen mit gesundheitlichen Einschränkungen oder Frauen, die andere Care-Aufgaben übernehmen, können sich in der Regel nicht über ein Übermaß an Freizeit beklagen und nehmen sich daher selten Zeit für das Pflegen von Beziehungen.

Du solltest diese aber nicht schleifen lassen, sondern es dir wert sein, in diesen Bereich in deinem Leben aktiv zu investieren. Auch wenn du dich sonst nur zu wenig aufraffen kannst, ein regelmäßiger Austausch mit anderen Menschen ist Balsam für die Seele und ein Muss für soziale Wesen wie uns Menschen.

Ja, der Tag war lang und es wäre so viel leichter, jetzt einfach mit einem Becher Eis und Netflix auf der Couch zu versacken. Aber genauso, wie du es dir wert sein solltest, dein Gesicht abends abzuschminken, damit deine Haut besser atmen kann oder dich gesund zu ernähren, solltest du dir auch das Geschenk der menschlichen Kontakte machen.

Klar, manchmal ist uns einfach nicht mehr nach reden und Gesellschaft. Das gilt insbesondere für die unter uns, die in ihrem Beruf schon viel mit anderen Menschen zusammen sind, etwa im Einzelhandel, in der Lehre oder in der Medizin und Pflege. Aber es gibt auch dann Möglichkeiten und Wege, in Kontakt mit anderen zu kommen – vielleicht nicht beim Einkaufsbummel in vollen

Shoppingmalls oder beim Besuch eines Konzerts, sondern beim Spaziergang durch einen stillen Wald oder beim Schlendern durch ein kaum besuchtes Kunstmuseum.

Leider sieht für viele von uns die Realität in puncto Freundschaften im Alter zwischen 30 und 45 weniger rosig aus. Alte Freundeskreise haben sich durch persönliche Veränderungen wie Hochzeit, Kinder, Job- und Wohnortwechsel aufgelöst, man sieht sich wenig, im Fokus stehen meist Kinder oder Karriereleiter. Irgendwann merkt man, dass die privaten Kontakte sich auf sehr wenige Leute beschränken und man mit den meisten nur noch pro forma über soziale Netzwerke und die obligatorischen Weihnachts- und Geburtstagskarten verbunden ist.

Das Hauptaugenmerk wird in dem Alter meist auf die Kinder und/oder den eigenen Herzensmensch gelenkt. Vielleicht machen sich bei den eigenen Eltern auch die ersten Zipperlein bemerkbar oder sie werden richtig krank und brauchen mehr Hilfe und Unterstützung. Außerhalb der Kernfamilie passiert dann nicht mehr so wirklich viel. Und so steht man ganz schön alleine da, wenn die Kids mit ihren Freunden unterwegs sind und der Partner beim Tischtennis oder Kartenspielen.

Dagegen kannst du aber etwas tun, wenn du in deine weibliche Kraft kommst und von allen unpassenden Erwartungen befreist, wenn du endlich deinen wirklichen Weg gehen kannst. In Kapitel 4 sind wir bereits näher auf das Thema Freundschaft und auch Schwesternschaft eingegangen und auch in deinem übrigen Leben kannst du dich mit starken Frauen umgeben. Denn Freundschaften sind ein ganz elementarer Bestandteil deines Lebens, aber du solltest auch die zahlreichen anderen Beziehungsformen in deinem Umfeld nicht aus den Augen verlieren. Neben engen Freundinnen gibt es in deinem Leben weiter entfernte Freundinnen, Familienmitglieder, Kolleginnen, Bekannte, Nachbarsleute und Menschen in deiner Umgebung, die du vom Sehen kennst. Sie alle könnten potenziell Teil deines Teams sein, jede Person auf ihre Weise.

Es gibt den Spruch, dass es ein ganzes Dorf braucht, um ein Kind vernünftig großzuziehen. Gerade in Deutschland hält sich aber diese glorifizierte Supermutter/Superhausfrau-Idee von der Frau, die jeden Aspekt des Mutterseins und Hausfrauseins verinnerlicht hat und liebt und jede noch so komplexe Anforderung mit einem gütigen Lächeln meistert, natürlich immer top gepflegt, bestens informiert, beruflich erfolgreich und nach neuesten wissenschaftlichen Erkenntnissen der Pädagogik.

Das ist natürlich nicht zu schaffen und wie wir mittlerweile wissen ein ziemlich sicheres Mittel für die totale Erschöpfung.

Baue dir dein Team auf!

Denk wieder an das Team! Wie kannst du dir ein soziales Netz schaffen, in dem du andere unterstützt und du selbst auch Unterstützung findest? Frage dich: In welchen Bereichen brauche ich Hilfe und wo bekomme ich sie? Wie kann ich mich mit anderen Frauen vernetzen und wie können wir uns gegenseitig in diesem wilden Jonglage-Spiel unterstützen?

Es ist selbstverständlich wichtig, dass du darauf achtest, dass du dich dabei nicht ausnutzen lässt und nur unterstützt und hilfst. Das kann leicht geschehen, wenn eine Person total im Stress ist und gar nicht merkt, wie oft sie nun Hilfe in Anspruch genommen hat, ohne sich selbst einzubringen. Oftmals ist es gar nicht böse gemeint.

Da es unter Frauen oft zum guten Ton gehört, sich nicht zu beklagen und auch keine klaren Ansagen zu machen, versuchen wir es dann mit dem Wink mit dem Zaunpfahl, manchmal mit dem ganzen Zaun und wenn das nicht reicht, werden spitze Bemerkungen fallengelassen oder du beginnst womöglich noch damit, Dinge in dich hineinzufressen. Lass so etwas nicht zu. Mache den ersten Schritt in Richtung starke Frau, teile dich deinem Gegenüber mit und triff klare Absprachen. Hält sich die andere Person nicht daran, weil sie gerade mental oder körperlich nicht in der Lage ist, überlege dir, wie und wie lange du sie unterstützen kannst. Bekommst du mit, dass sie sich einfach nicht an eure Absprachen hält, sei es dir selbst wert und halte dich an Leute, denen du ebenfalls etwas wert bist.

Da ist es deine Aufgabe, gut für dich zu sorgen und Menschen zu finden, die ebenfalls darauf achten, dass es fair zugeht, bei denen es im Vordergrund steht, etwas miteinander zu schaffen. Wer nur auf deinem Rücken bequem vorankommen will, der ist eben nicht mehr Teil deines Teams.

Ebenso wichtig ist es, dass du dich nicht nur bei Menschen meldest, wenn sie kurz mal dies und das für dich erledigen sollen. Als junge Mutter oder während eines aufwendigen Projekts kannst du dir sicherlich auch dies erlauben und dein Umfeld wird es dir nachsehen, aber denke auch an die Bedürfnisse der anderen. Und wieder hilft es, sich das Projekt Team vor Augen zu halten, bei dem sich jeder im Rahmen seiner Möglichkeiten aktiv einbringt und seinen Teil leistet.

Du kannst zur Veranschaulichung als Bild vielleicht einen Garten nehmen. Hast du nur ein Feld mit Salat bestellt und eine Schneckenplage, wirst du nicht satt werden. Hast du aber neben dem Salat noch ein Feld mit Erbsen, ein Feld mit Tomaten und eins mit Gurken, wirst du irgendwo schon etwas Gutes finden.

Das lässt sich auch auf die Menschen in deinem Umfeld übertragen. Nicht immer wird jeder für dich Zeit haben oder dir helfen können. Aber wenn es ganz viele Quellen der Hilfe und Unterstützung gibt, wirst du auch dann Hilfe finden, wenn es woanders gerade nicht funktioniert hat. Zudem kannst du so den Austausch zu ganz unterschiedlichen Personen pflegen, die Hilfe erwidern und spannende Menschen kennenlernen.

Gibt es einen guten Kontakt zur Familie und wohnen die Eltern oder Schwiegereltern in der Nähe, sind diese oft eine beliebte Anlaufstelle, sowohl was Unterstützung bei der Kinderbetreuung als auch bei diversen Haus- oder Gartenarbeiten oder auch emotionalen Baustellen angeht.

Hast du eher ein schwieriges Verhältnis zu den Eltern oder wohnen diese weit weg, musst du aber keinesfalls auf Unterstützung durch die ältere Generation verzichten. In vielen Städten gibt es Organisationen, die den Kontakt zu sogenannten Leih-Großeltern herstellen. Der Kinderschutzbund und andere Stellen vermitteln zudem sogenannte Familienpaten, die beispielsweise Alleinerziehende oder junge Familien bei Erziehung und Betreuung der Kinder unterstützen und ihnen mit Rat und Tat zur Seite stehen und ihre Lebenserfahrungen mit dir teilen mögen.

Mehrgenerationenhäuser können ebenfalls ein spannendes Modell sein, bei dem die Älteren und die Jüngeren sich gegenseitig helfen und wo die Generationen voneinander profitieren können. Du erklärst Irmgard noch einmal die Funktionen auf ihrem Smartphone und sie hat ein Auge auf Lukas, während du mit Timo zum Zahnarzt gehst.

Ein Zusammenschluss mit anderen Eltern ist ebenfalls eine großartige Sache. Wenn du den langen Freitag im Büro hast, gehen die Kinder nach dem Kindergarten mit zu Martin und Johannes, dafür hältst du ihnen den Rücken beim Paar-Abend frei. Dieser Zusammenschluss ist übrigens auch für kinderlose Frauen interessant. Falls du Kinder magst, aber in deiner aktuellen Situation keine eigenen haben kannst oder möchtest, kann eine Familie dein Team total bereichern. Du kannst Zeit mit den Kindern genießen und den Eltern so Freiraum geben. Dafür mag der Teenie der Familie vielleicht mittags die Hunderunde übernehmen und du musst deine Mittagspause nicht abgehetzt zwischen Arbeitsstelle und zu Hause verbringen, sondern kannst mit Kolleginnen zum Lunch gehen und wertvolle Kontakte knüpfen.

Spezielle Angebote für Alleinerziehende finden sich mittlerweile auch in immer mehr Städten, sodass du dir Freiräume schaufeln kannst, um deine Träume zu verwirklichen, eine Fortbildung zu machen oder die verantwortungsvollere Position zu übernehmen. Beruflich kannst du schauen, welche Formen der Frauenförderung es in deiner Umgebung gibt. Existieren Unternehmerinnen-

Stammtische? Gibt es Mentoring-Programme oder Messen? Informiere dich bei der Frauenbeauftragten in deiner Hochschule oder in deiner Firma, falls du in einem großen Unternehmen arbeitest, über offene Angebote und Unterstützungen. Je besser du informiert bist, desto eher wirst du Chancen nutzen können und Optionen finden, die deinem Weg entsprechen. Schöpfe hier aus dem Vollen und freue dich, Teil einer Gemeinschaft zu sein, die ein schöneres und selbstbestimmteres Leben für jede und jeden möglich macht.

Bitte nimm dir Stift und Zettel zur Hand und lass das Gelesene Revue passieren. Welche Gedanken steigen dabei in dir hoch. Wenn du Lust dazu hast, kannst du es bildlich festhalten und auch zu Farben oder einem anderen Medium greifen, um dich künstlerisch auszudrücken. Falls das weniger dein Ding ist, kannst du die folgenden Fragen als Anregung nutzen, dich mit dem Thema noch etwas weiter auseinanderzusetzen:

- Sind Frauen wertvolle Mitglieder der Gesellschaft?
- Bist du etwas wert?
- Darfst du dir selbst etwas wert sein und das auch nach außen kommunizieren?
- Wie kannst du dir den nötigen Raum verschaffen, um dich, deine Gedanken und Empfindungen wahrnehmen und ernst nehmen zu können?
- Wer wäre geeignet, um Teil deines Teams zu werden?
- Wen würdest du gerne noch unterstützen? Welchem Team möchtest du beitreten?
- Erinnerst du dich an einen Moment, in dem du deinem Instinkt gefolgt bist, dein Empfinden ernst genommen hast und danach gehandelt hast? Wie hat sich das angefühlt?
- Wie war es, als du darüber hinweggegangen bist, du dich mit deinen Werten und Wünschen ignoriert hast? Wie hat sich das angefühlt?

- Denkst du, deine Wünsche, Empfindungen und Meinungen sind genau so viel wert wie die deiner Mitmenschen?
- Weißt du um die Fördermöglichkeiten in deinem Berufsfeld? Gibt es bestimmte Angebote nur für Frauen?
- Welche Angebote gibt es für Frauen an deinem Wohnort? Nutzt du diese?
- Falls nein, warum nicht?
- Was verbindest du mit speziell auf Frauen ausgerichteten Angeboten?

Kapitel 6:
Alltag im Einklang mit deiner weiblichen Kraft

In den vorangegangenen Kapiteln hast du einen guten Einstieg in das Thema Weiblichkeit finden können und auch mehr darüber erfahren, warum es gar nicht so einfach ist, in einer Gesellschaft, in der so viele zum Teil widersprüchliche Erwartungen an das weibliche Geschlecht gestellt werden, einen eigenen Zugang zu seiner Weiblichkeit finden zu können.

Um dir den Weg dahin zu erleichtern, findest du in diesem Kapitel einige Übungen und Tipps, um deinen eigenen Rhythmus als Frau zu finden und diesen auch in deinen Alltag zu integrieren; dein weibliches Lebensgefühl in dieser männerorientierten Welt zu leben und dich authentisch fühlen zu können.

Mit dem Körper statt gegen den Körper

Wir alle haben schon einmal erlebt, was passiert, wenn wir uns gegen unseren Körper stellen, seine Signale missachten und ihn in etwas zwängen, was ihm nicht guttut. Spannung erzeugt in der Regel Gegenspannung – und das ist hier absolut doppeldeutig gemeint. Für viele von uns ist der eigene Zyklus etwas, das uns nur an den Tagen der Blutung oder PMS-bedingt auch ein paar Tage davor negativ auffällt und am besten gar nicht da wäre. Der einzige Moment, in dem sich viele von uns über ihre Periode freuen ist der, wenn wir vor einer ungewollten Schwangerschaft Angst haben. Selten wird die Blutung sonst so freudig begrüßt.

Ein absoluter Gewinn für deine Lebensplanung ist es aber, dein Wissen um den weiblichen Körper zu nutzen, um in die eigene Kraft zu kommen und die Phasen, die dein Körper während eines Zyklus durchmacht, für dich zu nutzen. Damit ist nicht gemeint, dass du versuchst, den Strandurlaub möglichst außerhalb dieser Zeit zu legen und zu hoffen, dass du bei schönen Events nicht von deiner lästigen Periode heimgesucht wirst. Vielmehr soll es darum gehen – falls möglich – Rücksicht auf deine zyklusbedingten Bedürfnisse und körperlichen Eigenschaften zu nehmen und anhand dessen deine Aufgaben zu planen.

Dein Körper wird in jeder Zyklusphase mit einer anderen Zusammensetzung an Hormonen ausgestattet, die alle einen bestimmten Zweck erfüllen. Du bist also in allen Phasen etwas anders drauf – sowohl stimmungsmäßig als auch körperlich – und bringst andere Qualitäten und Ansprüche in den Zeitraum mit. Während du in der Mitte des Zyklus vermutlich mehr Kraft hast, kann sich diese beispielsweise direkt vor und während der Blutung deutlich weniger präsent anfühlen. Stattdessen ist dein Schmerzempfinden möglicherweise größer und du leidest PMS-bedingt ohnehin unter Rückenschmerzen, Kopfdrücken, Krämpfen oder psychischen Beschwerden.

Daher empfiehlt es sich beispielsweise, die lästige, aber so dringend nötige Wurzelbehandlung in eine Zyklusphase zu legen, in der du weniger schmerzanfällig und emotional gefestigter bist. Auch das Verhandlungsgespräch mit dem Klienten ist in dieser Phase gut aufgehoben, ebenso wie fordernde Sportarten und Tätigkeiten, während du einen emotionalen Rückzug in bestimmten Phasen einplanen kannst, in denen du mehr Zeit für dich brauchst.

Dein Zyklus besteht aus vier Phasen, die sich während deiner fruchtbaren Jahre ständig wiederholen. Zur Veranschaulichung der Veränderungen, die während dieser Zeit in Körper und Geist passieren, wird der Zyklus auch gern als Jahr mit vier Jahreszeiten betrachtet, denen die vier Zyklusphasen entsprechen.

In der ersten Phase, der Blutung, dem Winter, benötigen viele Frauen Ruhe, sowohl körperlich als auch mental. In dieser Zeit sind guter Schlaf und leckeres Essen sehr wichtig. Fast jede von uns kennt den Wunsch nach Wohlfühlessen in dieser Phase, sodass ein leckeres, selbst gekochtes Essen mit vielen Nährstoffen in der Zeit genau richtig ist. Wenn du weißt, dass du während deiner Blutung mit Antriebsschwäche oder Schmerzen zu kämpfen hast, koche in einer anderen Zyklusphase ein paar vollmundige Köstlichkeiten vor und friere sie dir ein. Auch ein paar vorbereitete Müsli-Mischungen oder Smoothiepacks im Tiefkühler können dann Gold wert sein, ebenso wie eine kleine Hausapotheke, mit allem, was dir das Leben leichter macht.

Überlege dir, welche Form der Erholung dir in dieser Phase guttut! Ist es ein warmes Körnerkissen auf dem Bauch oder ein wohltuender Tee? Sehnst du dich eher nach Rückzug oder nach aktiver Erholung bei einem Plausch mit einer guten Freundin oder etwas sanftem Yoga? Probiere verschiedene Dinge aus und beobachte, wie diese auf dich wirken. Nicht selten tut sanfte Bewegung erstaunlich gut, auch wenn dir möglicherweise einfach nur danach ist, zu einem Bällchen gerollt auf der Couch zu liegen.

Experimentiere ein wenig herum und frage auch andere Frauen nach ihren Tipps und Tricks. Vielleicht findest du so ein paar neue Dinge heraus, die dir helfen, diese Phase entspannter und schmerzfreier zu überstehen. Die Zeit eignet sich übrigens für viele auch super zur Innenschau und zum Planen, ähnlich wie wenn du am Jahresende Inventur machst und schaust, wo du stehst und wo du hinmöchtest. Vielleicht etablierst du ein kleines Ritual, so dass du in dieser Phase deines Zyklus eine monatliche „innere Inventur" hältst und dich neu ausrichtest, wenn du möchtest.

Hast du Kinder, nutze jetzt dein Superheldinnen-Team und bitte Freunde oder Bekannte um Unterstützung, sodass du

Ruhephasen finden kannst, insbesondere, wenn du unter starken Krämpfen leidest.

In der 2. Phase, dem Frühling, steigt dein Östrogenspiegel. In diesem Abschnitt fühlen sich die meisten Frauen fit und frisch, voller Tatendrang. Konzentration und Selbstbewusstsein spielen auch mit. Hier wären berufliche Aufgaben, schwierige Entscheidungen oder andere Herausforderungen, für die du einen kühlen Kopf bewahren musst, bestens aufgehoben. Auch gesellschaftliche Verpflichtungen lassen sich leichter meistern, weil wir meist aufgeschlossener sind und leichter mit anderen in Kontakt kommen.

Ausgehen, flirten, ausgelassener Sport oder ein neues Hobby machen jetzt besonders viel Spaß. Mit der nötigen Power kannst du jetzt auch als Teammitglied anderer Frauen in Aktion treten und diese bei Bedarf unterstützen. Du kannst an dich selbst im nächsten Winter denken und ein paar leckere Gerichte einkochen, die Wohnung gemütlich gestalten und neue Dinge anpacken.

In der 3. Phase, dem Eisprung, herrscht Sommerstimmung: Die meisten von uns strahlen von innen und fühlen sich am wohlsten in der eigenen Haut – und das tragen wir auch nach außen. Wir wirken noch einen Tick selbstbewusster, überzeugend und einnehmend. Ganz gleich, ob es sich um ein Vorstellungsgespräch, eine Verhandlung mit einem Klienten oder ein Date handelt – in dieser Phase können wir unser Gegenüber leichter mitreißen und von unseren Ideen überzeugen. Auch was die körperliche Fitness angeht, ist jetzt eine Hochphase im Zyklus erreicht. So ist es kein Wunder, dass die lange Radtour, die Feiernacht mit den Mädels oder der Umzug in dieser Phase leichter gewuppt werden. Auch sexuell sind wir auf der Höhe und können diese Power genießen. Sind dein Herzensmensch und du also zeitlich flexibel, legt euer Paar-Wochenende am besten in die Sommer-Phase.

Die 4. Phase, der Herbst, beendet den Zyklus und läutet eine Ruhezeit ein. Unser Körper produziert mehr Progesteron. Dieses Hormon führt neben körperlichen Veränderungen auch zu einer inneren Beruhigung und besserem und tieferem Schlaf. Falls es dir deine Verpflichtungen erlauben, gehe deinem Ruhebedürfnis in dieser Zeit unbedingt nach.

Auch inneres und äußeres Ausmisten sowie das Beenden von Projekten klappen in dieser Zeit gut, weil wir die nötige Ruhe und Gelassenheit haben und auch repetitive Aufgaben gut bewältigen können. Wer in dieser Phase viel mit PMS zu kämpfen hat, kann häufig bereits mit der Ernährung an den Stellschrauben drehen. Koffeinhaltige Getränke und auch Milchprodukte sollen PMS-Symptome begünstigen. Versuche deshalb, den Konsum dieser Produkte zumindest in dieser Zyklusphase einzuschränken und schaue dann, ob du eine Veränderung feststellst. Einige Frauen profitieren auch von dem Verzicht auf Weißmehl oder Zucker.

Natürlich ist es uns nicht immer möglich, die Welt genau an die Bedürfnisse unseres Zyklus anzupassen, das ist klar. Aber wenn wir um die Vielfalt und die Möglichkeiten der Zyklusphasen wissen, können wir vielleicht doch den einen oder anderen Termin an eine günstige Stelle legen oder zumindest unsere Freizeit so gestalten, dass wir die Vorteile der einzelnen Phasen zu unseren Gunsten nutzen können.

Frage dich: Wie kann ich mich organisieren und zu welcher Zeit in meinem Zyklus bin ich besonders produktiv? Wann kann ich mich gut konzentrieren und wann benötige ich mehr Pausen?

Falls du noch keinen führst, lege dir unbedingt einen Periodenkalender an. Neben dem klassischen Eintrag ins Bullet Journal, dem Tageskalender oder der Papiervariante der Frauenärztin gibt es mittlerweile auch eine große Auswahl an Apps. Du kannst die Tage deiner Blutung eintragen und auch den Verlauf deiner Periode sowie Symptome und deinen Stimmungsverlauf notieren. Viele Apps bieten dir auch weitere Optionen, so lässt sich etwa der Zeitraum des Eisprungs schätzen und der Beginn der nächsten Periode, du wirst über deine Zyklusdauer informiert und kannst dir anhand von Statistiken und Schaubildern vor Augen führen, wann was in deinem Zyklus geschieht.

Somit wirst du nicht nur deinem Zyklusrhythmus und den damit einhergehenden Symptomen, sondern auch deinen Bedürfnissen und Ansprüchen in den einzelnen Zyklusphasen näherkommen können und ein immer besseres Gespür für dich und deinen Körper entwickeln. Dieses Wissen um dich selbst wird es dir erleichtern, bestimmte Dinge einzuordnen und gelassener damit umzugehen.

Zurück zu den Wurzeln

Mutter Erde ist in unserem kulturellen Verständnis der Inbegriff des Weiblichen, Nährenden. Sie erschafft alles, aus ihr geht alles hervor. Mit einem Ausflug ins Grüne finden wir zurück zu unseren Wurzeln fernab von technischem Fortschritt und modernen Kommunikationsmitteln. Wir werden auf uns und unser Innerstes zurückgeworfen, können den natürlichen Klängen um uns herum und dann auch unserem Innersten lauschen und spüren, wie scheinbar ganz von alleine der Stress von uns abfällt.

Selbst absolute „Stadtpflanzen", die die „freie Prärie" nicht so ansprechend finden, können sich der Wirkung, welche die Natur auf uns hat, nicht entziehen. Sie wirkt beruhigend und ausgleichend, die bessere Luftqualität vitalisiert und erfrischt, das Nervensystem kommt zur Ruhe, Pulsschlag und Blutdruck sinken häufig etwas.

Die Japaner wissen um diesen gesundheitsförderlichen Aspekt der Natur und haben einen eigenen Ausdruck für dieses therapeutische Erleben entwickelt: das Waldbaden. Auszeiten in der Natur bieten dir die Chance, fernab der Gesellschaft mit all ihren unausgesprochenen Regeln und Vorschriften, einfach du selbst zu sein. Du kannst lachen, tanzen, singen, dir auch mal den Frust von der Seele rufen und du kannst den Wandel der Jahreszeiten erleben, die Sonne auf deiner Haut spüren und vollkommen befreit durchatmen!

Rituale und Routinen

Rituale sind etwas, was Menschen seit jeher in jeder Kultur zelebriert haben. Sie geben Halt und sind sinnstiftend, sie geben dem Alltäglichen einen festlichen Rahmen und sie schaffen ein Bewusstsein für den Moment. Sie sind ein wunderbarer Erinnerungsanker und sie halten uns dazu an, einmal innezuhalten und dem Augenblick mehr Leben zu verleihen.

Gerade für den Alltag eignen sich kleine Rituale, die sich leicht mit den täglichen Handlungen verbinden lassen. Vielleicht möchtest du dein abendliches Eincremen der Hände zu einem Ritual werden lassen, indem du diesem Teil deines Körpers für seine tägliche Arbeit, seine Schaffenskraft dankst. Statt schnell die Haut einzureiben, kannst du dir die einzelnen Partien bewusst vornehmen und eine besonders gut duftende Handlotion dafür auswählen. Schenke jedem Fingerglied deine Aufmerksamkeit und führe dir vor Augen, wie wundervoll deine Hände in deinem Leben bisher tätig waren. Wenn du magst, kannst du auch die Augen schließen und dich ganz auf deinen Tastsinn verlassen. Dieser Prozess kann nur wenige Minuten dauern und schenkt doch die Möglichkeit, den einfachen To-do-Listenpunkt „Hände eincremen" zu einem kleinen Wellness-Moment werden zu lassen.

Wann immer du an einem Spiegel vorbeikommst, schenke dir ein Lächeln und stelle dir vor, deine weibliche Kraft würde von innen heraus durch dein Lächeln und deine Augen in die Welt hinaus strahlen. Auch das ist nur ein ganz kurzer Moment, aber regelmäßig zelebriert, kann er sich richtig gut anfühlen und in manchen Momenten auch ein wenig Mut oder Kraft schenken.

Eine gute Idee für Warteschlangen oder die unvermeidliche rote Ampel sind Atemübungen. Wir verkrampfen gerne im Brust- und Bauchraum und eine tiefe, gemäßigte Bauchatmung ist nicht nur gesund, sondern sie wirkt auch lösend und beruhigend.

Oder gestalte diese Momente um. Wenn du merkst, dass die Anspannung sich breit macht und der Stress dir in die Adern kriecht, dann wandle diese innere Unruhe um. Erinnere dich an Kapitel 4. Dort hast du mehr über das Beckenbodentraining gelernt und auch, warum jede von uns ihrem Beckenboden mehr Aufmerksamkeit im Alltag schenken sollte. Diese kurzen, erzwungenen Pausen kannst du für ein wenig Gymnastik mit deinem Beckenboden nutzen. Lege zwei, drei Runden eines Beckenbodentrainings ein, das du magst, oder mach ein paar Blitzübungen, bei denen du den Beckenboden kurz und intensiv anspannst, loslässt und wieder neu beginnst. Das geht unauffällig am Bahnsteig oder im Wartezimmer beim Arzt und lässt dich deine Mitte und deine weibliche Kraft spüren. Und vielleicht huscht dir dann dabei sogar ein kleines feines Lächeln über die Lippen und versüßt dir den Tag noch weiter.

Kapitel 7:
Polaritäten in Balance

In den vorangegangenen Kapiteln wurde viel über das Ungleichgewicht zwischen Mann und Frau in unserer Gesellschaft gesprochen und den daraus entstehenden negativen Folgen. Dabei lag der Fokus eher auf den negativen Auswirkungen für die Frau, doch sollte immer mitgedacht werden, dass auch Männer durch diese Ungerechtigkeit in Klischees und Rollenbildern verhaftet bleiben, die nicht unbedingt gut für sie sind oder positiv von ihnen erlebt werden – Stichwort: starker Mann – auch wenn sie die Privilegien ja unmittelbar genießen.

In der Geschichte gab es verschiedenste Strömungen, die sich alle daran versucht haben, die bestehenden Ungerechtigkeiten aufzuheben, teilweise auch dadurch, dass diese dann einfach an andere weitergereicht wurden. Care- und Haushaltsaufgaben werden dann an Frauen in schwierigeren finanziellen oder sozialen Positionen abgegeben.

Selten schlägt die Verzweiflung ob der Ungerechtigkeiten auch in Ablehnung und Vermeidung um, so dass Frauen mit Männern nichts mehr zu tun haben möchten. So gibt es in einigen indischen Regionen beispielsweise sogenannte Frauendörfer, in die sich emotional oder körperlich unterdrückte Frauen zurückziehen. Hier leben sie in der Regel in einer reinen Frauengesellschaft, ein klares Matriarchat organisiert die Gemeinschaft. Männer sind nur als

Besuch erwünscht, dürfen aber keine tragenden Machtpositionen einnehmen.

Die meisten von uns wollen aber gar keinen klaren Bruch, sondern einen für sie passenden Weg finden, wie sie mit sich und ihrer Außenwelt in Balance leben können. Denn bei so historisch und sozialstrukturell gewachsenen Problemen würde uns eine reine Ablehnung nicht weit bringen, ebenso wenig wie ein kollektiver Vorwurf an die Männerwelt.

Zudem würde es uns als Frauen in eine reine Opferrolle drängen, die uns zum einen in unserer Vielfalt nicht gerecht wird, zum anderen auch darüber hinweggeht, dass auch wir Ungerechtigkeiten weitergeben oder wir uns frauen- oder männerfeindlich verhalten und alle aus einer Gruppe hin und wieder einmal in einen Topf werfen („Typisch Mann!", „Typisch Frau!").

Auch wir sind nicht frei von den Verhaltens- und Denkweisen, die die Überbelastung und das drohende Burnout bei Frauen begünstigen. Das zeigt sich etwa dann, wenn wir ein Paar mit zweierlei Maß bemessen und gekränkt sind, wenn die Frau des Paares keinen Geburtstagsgruß schickt, während wir beim Mann mit einem „Na, war ja nicht anders zu erwarten. Sie hat ihn bestimmt nicht daran erinnert!" darüber hinweggehen oder ein weinendes Kind im Supermarkt direkt nach seiner Mama fragen, statt innerlich auch den Vater in die potenzielle Verantwortung zu ziehen, dass das Kind allein ist. Noch einmal: Es ist nicht leicht, aus diesen Strukturen auszubrechen und die vermeintlichen Polaritäten zusammenzubringen.

Das erleben wir auch, wenn wir versuchen, uns selbst zu verorten und unsere Mitte zu finden. Wenn wir uns klarmachen, was wir selbst als männlich oder weiblich einordnen, ob wir diese Einordnung überhaupt beibehalten wollen und wie wir unsere Definition in die Welt hinaustragen möchten. Wie wir uns geben und präsentieren, wird maßgeblich von diesen Polen beeinflusst. So wollen manche Mädchen in einem bestimmten Alter besonders jungenhaft wirken und betonen immer wieder, dass sie keine typischen Mädchen sind, um beispielsweise in einer Jungsclique Gehör zu finden, bei einem Ballsport oder einem als männlich geltenden Hobby unter den Kameraden akzeptiert zu werden oder sich Respekt von Älteren zu verschaffen. Auch in der Arbeitswelt erleben wir immer wieder, dass in bestimmten Positionen und Berufen ein klischeehaftes Rollenbild gefordert wird und wir, als Vertreterinnen des weiblichen Geschlechts, dann zumindest die männlichen Züge nachstellen sollten, was Kleidung, Auftreten und Stimmlage betrifft.

Dieser Umstand findet sich auch in der Emanzipationsbewegung wieder. Diese hat die unterschiedlichsten Phasen durchlaufen und sich in verschiedensten Ausprägungen gezeigt. Da wurde versucht, den Mann in den ihm vorbehaltenen Positionen durch Nachahmung zu entsprechen, um akzeptiert zu werden, es wurde gekämpft und auch finden sich Annahmen, dass alle Menschen gleich sind und es überhaupt keine Unterschiede zwischen den Geschlechtern gäbe und alles nur eine Frage der Sozialisation und Erziehung sei.

Ganz gleich, welche Position du zu diesen Fragen einnimmst – wichtig ist, dass du eine Balance in dir für dich und nach außen für und mit den anderen findest. Es gibt nicht die eine Antwort auf solch komplexe Fragestellungen. Viele Informationen, die lange als Stand der Dinge galten, sind heute überholt: So weiß man heute, dass die biologische binäre Geschlechtereinteilung nicht die Realität abbildet und dass viele Eigenschaften und Verhaltensweisen, von denen früher gesagt wurde, sie wären einem bestimmten Geschlecht von Gott gegeben oder aufgrund der biologischen Ausstattung eben so, ein Produkt der Erziehung und Sozialisation in einer bestimmten Kultur sind.

Somit hat niemand das Recht, dir vorzuschreiben, was weiblich ist oder wie du deine Weiblichkeit leben sollst. Es gibt Trends in jeder Kultur und jeder Epoche, die sich maßgeblich ändern können – wir erinnern uns an die Farben der Babybekleidung. Nicht selten stehen beim Beharren auf veralteten Rollenbildern oder Klischees ganz andere Absichten dahinter. Es tut gut, sich diese Umstände immer wieder bewusst vor Augen zu führen, um den nötigen Abstand einnehmen zu können, um Bestehendes und die eigene Position regelmäßig zu hinterfragen.

Du musst deine Weiblichkeit nicht verleugnen, um in einer von Männern dominierten Welt bestehen zu können. Vielleicht mag das in manchen Situationen zweckdienlich sein und dir manche langwierige Diskussion ersparen, aber langfristig kann es dazu führen, dass du einen bedeutenden Kernaspekt deiner Selbst unterdrückst und auch der Sache an sich nicht hilfst.

Einsatz für Gleichberechtigung bedeutet nicht, dass jemand anderes dafür benachteiligt wird und man sich über den bisherigen Nutznießer von Privilegien stellt. Es geht um ein entspanntes Miteinander statt Gegeneinander. Sicherlich wird es zu Reibereien kommen, denn wer Privilegien teilen muss, wird erst einmal aus seiner Komfortzone geschubst. Aber er gewinnt auch viel hinzu: neue Sichtweisen, neue Möglichkeiten des Ausdrucks und Verhaltens, neue Informationen und neue Möglichkeiten für Begegnungen und Kontakt.

Das gilt auch für dich selbst. Denn auch, wenn du es bist, die Veränderungen einleitet, um in ihre Weiblichkeit zu kommen, verlässt du doch deine bisherige Komfortzone. Vielleicht war diese nicht immer bequem, vielleicht hat sie dich sogar regelrecht beengt und eingezwängt, aber sie war dir bekannt. Etwas Neues ist für uns gewohnheitsliebende Menschen immer auch etwas beängstigend – weil wir eben nicht wissen, was genau auf uns zukommen wird. Wir sehen die potenziellen Gefahren. Diese Schwarzmalerei soll uns vor größeren Schäden schützen und dient eigentlich unserer Sicherheit. Aber es lohnt sich durchaus, ihr auch eine Spur Neugier und Hoffnung beizumischen: Verstehe das Ganze als Aufruf, anderes anzunehmen und stehenzulassen, um in ein harmonisches Miteinander zu kommen, sowohl was die eigenen Wünsche und Bedürfnisse angeht als auch den Umgang mit den Mitmenschen. Als Chance, deinen innersten Kern zu finden und strahlen zu lassen und dich in all deinen Facetten auszuprobieren und auszuleben, ohne die Schranken der Gesellschaft, die dir vorschreiben, was sich für eine Frau gehört oder auch nicht.

Erlaube, dass sich Polaritäten verbinden, probiere dich in den wildesten Kombinationen und lasse Dinge nebeneinanderstehen, frei von Wertung. Einfach so. Genieße die Freiheiten und die Möglichkeiten, die dir dadurch offenstehen und bekräftige dich immer wieder darin, Dinge fließen zu lassen, auf dich zukommen zu lassen und dich auszuprobieren.

Es gibt kein Richtig und Falsch, wenn es darum geht, die eigene Weiblichkeit auszuleben. Du musst dich nicht zwischen dem, was die Gesellschaft dem männlichen und dem weiblichen Anteil der Bevölkerung vorschreibt entscheiden oder hektisch zwischen den Polen hin- und herspringen.

Wenn du gerne mit Bildern arbeitest, stelle dir Yin und Yang vor. Sicher kennst du das Zeichen dafür: Es ist kreisförmig und wird von einer weißen und einer schwarzen Hälfte dargestellt, die quasi ineinandergreifen. In dem schwarzen Kreisbereich findet sich ein weißer Punkt, im weißen Kreisbereich ein schwarzer Punkt. Vor allem im Daoismus, aber auch in anderen spirituellen oder philosophischen Strömungen steht das Symbol für polare Energien oder Ideen, die dennoch einander bedingen und auch Teil des anderen sind. In der chinesischen Philosophie steht das weiße Yang für männliche Energie, das schwarze Yin für weibliche Energie (Vielleicht erinnerst du dich an das Yin-Yoga?). Das eine kann ohne das andere nicht sein und in dem einen findet sich auch immer ein kleiner Anteil des anderen.

Dieses Symbol ist sehr gut geeignet, um zu sehen, dass ein Zusammenspiel durch beide Seiten entsteht und eine Entscheidung für oder gegen eine Seite gar nicht notwendig ist.

Du kannst jeden Tag aufs Neue feststellen, wie du dich heute fühlst, wie du dich geben magst, wie du deine Weiblichkeit heute definierst. Den einen Tag hast du vielleicht Lust auf Kleid, Make-up, Kochen und ein Nähprojekt, den anderen Tag willst du deinen Blaumann anziehen und an deinem Motorrad rumwerkeln, am nächsten einfach nur im Pyjama auf der Couch rumlümmeln. Du allein darfst entscheiden und nichts von dem, was du trägst, sagst, machst oder denkst, macht dich mehr oder weniger zur Frau. Niemand hat das Recht, dir deine Weiblichkeit abzusprechen, nur weil du nicht in das aktuelle gesellschaftliche Bild passt. Ebenso wenig hat jemand das Recht, dir zu sagen, du wärest zu weiblich, um irgendetwas zu tun.

Du bist die Steuerfrau in deinem Leben und du hast es in der Hand! Lebe dein Leben wild und bunt und freue dich auf neue Entdeckungen!

Nachwort: Ankunft bei deiner Weiblichkeit

Wir sind nun am Ende dieses Buches angelangt, aber deine Reise zu deiner Weiblichkeit hat gerade erst begonnen. Du hast in den vorangegangenen Kapiteln erfahren, wie mannigfaltig und teilweise widersprüchlich die Erwartungen sind, denen die moderne Frau sich durch Gesellschaft und Umfeld ausgesetzt sieht und wie diese Erwartungen dazu führen können, dass sie in eine Überlastung und im schlimmsten Fall in ein Burn-out gerät.

Du hast Strategien aufgezeigt bekommen, wie du hinter diesen Wust an Rollenbildern und Klischees schauen kannst, um dir selbst ein Bild zu machen. Du hast gelernt, dass die Vergegenwärtigung der eigenen Stärken und Ansprüche an dein Leben als Frau jederzeit möglich ist und dass du durch die Akzeptanz von Pluralität und einer Offenheit Wege aus diesen Zuschreibungen herausfinden kannst. Somit hast du einen Ausblick bekommen auf ein authentisches und selbstbestimmtes Leben in Harmonie und Balance durch Besinnung auf deine eigene ganz persönliche Kraft.

Deinen eigenen Weg zu gehen und deiner eigenen Weiblichkeit dabei Akzeptanz und Aussöhnung entgegenzubringen, erlaubt dir das Entwickeln und Annehmen der eigenen Persönlichkeit – als starke Frau, die ihr Lebensglück selbst in die Hand nimmt. Viel Spaß dabei!

Geschenk #1 - Zitatesammlung

Vielen Dank noch einmal für den Erwerb dieses Buches. Als zusätzliches Dankeschön erhältst du von mir **zwei E-Books**, als Bonus, und völlig gratis.

Das erste Bonusheft beinhaltet eine Sammlung an schönen, motivierenden und Mut machenden kleinen Geschichten und Zitaten, die dich auf deinem täglichen Weg zu einem erfüllten Leben begleiten können. Finde darin deine Lieblingszitate, die du dir immer wieder als kleine Erinnerungen, Richtungsweiser und Mutmacher zur Hand nehmen kannst.

Du kannst das Bonusheft folgendermaßen erhalten:

Öffne ein Browserfenster auf deinem Computer oder Smartphone und gib Folgendes ein:

stefanielorenz.com/bonus1

Du wirst dann automatisch auf die Download-Seite weitergeleitet.

Bitte beachte, dass dieses Bonusheft nur für eine begrenzte Zeit zum Download zur Verfügung steht.

Alternativ kannst du auch diesen QR-Code einscannen:

Geschenk #2 - Entspannung im Alltag

In diesem zweiten Bonusheft findest du verschiedene Entspannungsmethoden, Meditationsideen und Affirmationen, die dich darin unterstützen können, wieder zu dir selbst zu finden. Mit diesen Methoden kannst du neue Kraft tanken, dich auf deine eigenen Stärken besinnen und aus dem Hamsterrad deiner Gedanken und den Anforderungen von außen aussteigen.

Öffne ein Browserfenster auf deinem Computer oder Smartphone und gib Folgendes ein:

stefanielorenz.com/bonus2

Du wirst dann automatisch auf die Download-Seite weitergeleitet.

Bitte beachte, dass dieses Bonusheft nur für eine begrenzte Zeit zum Download zur Verfügung steht.

Alternativ kannst du auch diesen QR-Code einscannen:

Eine kleine Bitte

Liebe Leserin,

lieber Leser,

nun sind wir am Ende dieses Buches angelangt. Ich hoffe sehr, dass ich dir weiterhelfen und positive Veränderungen in dein Leben bringen konnte.

Als Autorin ist es mir sehr wichtig, Bücher zu schreiben, die Menschen wirklich helfen. Konstruktives Feedback meiner Leserinnen und Leser hilft mir am meisten dabei meine Werke immer weiter zu verbessern.

Falls du mir also persönliches Feedback oder Verbesserungsvorschläge zum Inhalt geben möchtest, dann schreibe mir gerne unter info@stefanielorenz.com. Ich freue mich über jede E-Mail und werde zeitnahe antworten.

Für den Fall, dass dir mein Buch wirklich geholfen hat und du sonst keine Fragen hast, dann würde ich mich freuen, wenn du eine positive Rezension für mein Buch auf Amazon hinterlassen kannst. Es dauert wirklich nur wenige Sekunden und du hilfst anderen Menschen und mir ungemein.

Ich weiß all deine Liebe und Unterstützung wirklich zu schätzen.

Falls noch Fragen offen sind, einfach bei mir melden!
Stefanie

Quellen und weiterführende Literatur

Amara, H., & Sr., R. D. M. (2014). *Warrior Goddess Training: Become the Woman You Are Meant to Be.* Hierophant Publishing.

Bayissa, F. W., Smits, J., & Ruben, R. (2017). The Multidimensional Nature of Women's Empowerment: Beyond the Economic Approach. *Journal of International Development, 30*(4), 661–690. https://doi.org/10.1002/jid.3268

Berlin, C. (2018). *Pussy Yoga - Das Workout-Book.* Komplett Media GmbH.

Bücker, T. (2020). *Ist es radikal, Jungen beizubringen, nicht zu vergewaltigen?* SZ Magazin. https://sz-magazin.sueddeutsche.de/freie-radikale-die-ideenkolumne/vergewaltigung-aufklaerung-jungen-88318

Campbell, J., & Rossi, S. E. (2013). *Goddesses: Mysteries of the Feminine Divine (Collected Works of Joseph Campbell).* New World Library.

Criado-Perez, C. S. S. (2021). *Unsichtbare Frauen.* btb Verlag.

E. (2020). *Das "Jungfernhäutchen" – viel Lärm um nichts!* einhorn. https://einhorn.my/das-jungfernhaeutchen-viel-laerm-um-nichts/

Estés, C. P. (1996). *Women Who Run with the Wolves: Myths and Stories of the Wild Woman Archetype*. Ballantine Books.

Geschichte der Zweigeschlechtlichkeit. Universität Duisburg-Essen Genderportal. https://www.uni-due.de/genderportal/geschlechtergeschichte

Gibis, S. (2020). *Gendermedizin: Frauen sind anders krank*. Apotheken-Umschau. https://www.apotheken-umschau.de/weitere-themen/gendermedizin-frauen-sind-anders-krank-720269.html

Korbik, J. (2019). *Stand up: Feminismus für alle*. Kein + Aber.

N. (2015). *Vorurteile: Was ist wirklich typisch Frau?* NWZonline. https://www.nwzonline.de/panorama/was-ist-wirklich-typisch-frau_a_13,6,720047830.html

Naefeke, C. (2021). *Burnout-Anzeichen*. WomensHealth.de. https://www.womenshealth.de/health/psychologie/burnout-symptome-erkennen/

Northrup, C. (2017). *Frauenkörper - Frauenweisheit: Wie Frauen ihre ursprüngliche Fähigkeit zur Selbstheilung wiederentdecken können*. ZS Verlag GmbH.

Richter, F. (2015). *Schluss mit dem Spagat: Wie Sie aufhören, sich zwischen Familie und Beruf zu zerreißen - Die Erfolgsmethode simple present*. Südwest Verlag.

Rundfunk, B. (2019). *Prof. Dr. med. Vera Regitz-Zagrosek: Warum brauchen wir Gendermedizin?* Bayerischer Rundfunk. https://www.br.de/fernsehen/ard-alpha/sendungen/campus/talks/gendermedizin-therapien-mann-frau-regitz-zagrosek-vera100.html

Seggelke, U. K. (2020). *Gelassen und ein bisschen weiser: Lebensansichten starker Frauen (German Edition)*. Verlag Herder.

Sorority, V. (2018). *No More Bullshit: Das Handbuch gegen sexistische Stammtischweisheiten.* Kremayr und Scheriau.

U.S. Department of Transportation. (2013). Injury Vulnerability and Effectiveness of Occupant Protection Technologies for Older Occupants and Women. *National Highway Traffic Safety Administration.*

Walker, B. (2000). *Die spirituellen Rituale der Frauen. Zeremonien und Meditationen für eine neue Weiblichkeit.* Heyne.

Zobel, H. (2019). *Warum ich künftig extra laut nach einem Tampon fragen werde.* DER SPIEGEL. https://www.spiegel.de/panorama/period-shame-warum-schaemen-wir-uns-fuer-unsere-menstruation-a-f036c8e4-660e-4894-bb7a-2573762fc4f8

www.ingramcontent.com/pod-product-compliance
Lightning Source LLC
Chambersburg PA
CBHW071247070526
44583CB00017B/2362